浄土真宗本願寺派布教使
伊藤智誠◎監修

日本人として心が豊かになる仏事とおつとめ

浄土真宗

青志社

はじめに

信じる心があれば、清々しく生きられる

「親父ももう年だし、そろそろ葬儀のことも考えておかなければいけないな。うちの宗派は、たしか浄土真宗だった」

「私もこれまでの人生より、これからの人生のほうが短くなった。そんなことを思いながら行く末を考えていると、念仏をとなえていた亡き父のことが頭をよぎった」

仏教を〝感じる〟のは、こんなときではないでしょうか。いずれにしても、仏教と死を結びつけて考えるのが一般的なのかもしれません。それもそのはず、ほとんどの方がお葬式や法事、それにお盆とお彼岸ぐらいしか仏教と接する機会がないのが現実です。

子供のころは毎朝、祖父母や両親に「お仏壇の前で、ナムアミダ～ってとなえなさい」といわれた方も多いことでしょう。いわれるままに仏壇に向かって手を合わせると、なぜかホッとして清々しい気持ちになったのではないでしょうか。

それが、高度成長時代を迎えて人口の流動が激しくなり、また核家族化が進むにつれて、そ

んな心を豊にしてくれる習慣が薄らいできました。

そもそも仏教とは「死者」のためにあるのではありません。幸せに生きるためにお釈迦さまが説いた「生きている者」への教えなのです。

お釈迦さまは「人生は苦である」といっています。苦とは単に〝つらい〟〝苦しい〟ということではありません。思いどおりにならない現実と、思いどおりにしたいという自分の欲求に板挟みになる苦しみです。そこでお釈迦さまは「現実を冷静に見ることで、自分の思いどおりにしたいという執着がなくなれば、やすらかな気持ちになれる」という真理に至ったのです。これがお釈迦さまの悟りです。

インドから中国、そして日本へ、お釈迦さまの教えをどうやって人々に伝えたらよいのか、高僧たちは考えました。だから、たくさんの宗派ができました。浄土真宗は、浄土経典に書かれた阿弥陀仏の教えをもとに親鸞聖人が開いた宗派です。仏事作法はもちろん、その教えにもふれて、人生の指針として活かしていただければ幸いです。

目次——日本人として心が豊かになる仏事とおつとめ　浄土真宗

第3章

浄土真宗の仏壇とおつとめ

第6章 浄土真宗の法事

第7章 浄土真宗のお墓

第1章

10分でわかる浄土真宗

❶阿弥陀仏を知る
❷絶対他力の教え
❸真宗十派本山と関東二十四輩寺院

浄土真宗の本尊は阿弥陀仏

本尊とは信仰のよりどころとする仏さまのことです。浄土真宗の本尊は阿弥陀仏《あみだぶつ》です。

阿弥陀とは、古代インドのサンスクリット語の「アミターユス」(限りない命)とか「アミターバ」(はかりしれない光明)という言葉を漢語に音写したものです。したがって、阿弥陀仏とは「限りない命とはかりしれない光明をそなえた仏さま」ということになります。

また、阿弥陀仏は「阿弥陀如来《あみだにょらい》」ともいいますが、如来とは「真如《しんにょ》(真理)の世界から、迷えるすべての人々を救うために来てくださる方」という意味です。

お釈迦さまがすすめた阿弥陀仏への礼拝

浄土真宗では仏壇にお釈迦さまをまつりません。こういうと、「仏教の開祖はお釈迦さまなのに、仏教宗派である浄土真宗が、なぜ、お釈迦さまをまつらないの?」と思われるかもしれません。

もちろん、お釈迦さまをないがしろにしているわけではありません。浄土真宗のお寺でも、お釈迦さまの誕生日である花まつり(灌《かん》仏会《ぶつえ》）は盛大に行なわれています。

浄土真宗では、阿弥陀仏出現までを物語った『仏説無量寿経《ぶっせつむりょうじゅきょう》』をよりどころとするお経のひとつとしています。

このお経は、お釈迦さまの没後三〇〇年ほど経た紀元前二世紀ごろに成立しました。

お釈迦さまの没後しばらくは、口伝によってその教えが伝えられていましたが、やがて文字として残されるようになります。

『仏説無量寿経』は、〝仏説〟とついているだけに、かなり古いほうのお経です。そのなかでお釈迦さまは、阿弥陀仏をたたえ、阿弥陀仏の救いを信じて生きることを人々にすすめました。ここでお釈迦さまは、自分を礼拝《らいはい》しなさいとはいっていないのです。

ですから、阿弥陀仏を礼拝することは、お釈迦さまの教えにかなっているのです。

誰もが極楽浄土に往生できる

『仏説無量寿経』の物語を紹介しましょう。

阿弥陀仏ははるか昔、インドのある国の王でしたが、その地位を捨てて出家しました。そのときの名前を「法蔵菩薩《ほうぞうぼさつ》」といいます。

菩薩とは、悟りを求めて修行する者のことです。そして、悟りを開いてはじめて仏（如来）となれるわけです。

法蔵菩薩は、この世のすべての人々を苦悩から救うことを志し、四八の誓い（四十八願《しじゅうはちがん》）をたてました。果てしなく長いあいだ修行をつづけ、すべての誓いを成就して、阿弥陀仏となったのです。そして、自分の理想の世界である「極楽浄土」をつくりあげました。

浄土真宗では、四十八願のなかの第十八願をもっとも重視しています。

それは「あらゆる人々が、私の世界に生まれたい（極楽浄土に往生したい）と願って〝南無阿弥陀仏《なも（む）あみだぶつ》〟と私の名をとなえてもそれがかなわないとしたら、私は仏にはならない」という誓いです。

これを「阿弥陀仏の本願」といいます。

つまり、法蔵菩薩がこの本願を成就して阿弥陀仏になったのですから、すべての人々が極楽浄土に往生できることはすでに決定済みというわけです。

ですから前述したように、浄土真宗では、この『仏説無量寿経』をよりどころとするお経として重視しているのです。

阿弥陀仏への報恩感謝の念仏

浄土真宗の宗祖である親鸞聖人《しんらんしょうにん》の教えは「絶対他力」として有名です。

仏教でいう「自力」とか「他力」とは、どういうことでしょうか。

自力とは、修行を積んでみずから悟りを得ようとする厳しい道のことで「難行道《なんぎょうどう》」と呼ばれます。

浄土宗の宗祖であり、親鸞聖人の師でもある法然上人《ほうねんしょうにん》は、私たち凡夫《ぼんぶ》は自力で悟りを得ることはできないと考え、阿弥陀仏の本願を信じてひたすら「南無阿弥陀仏」の念仏をとなえる他力の教えを説きました。

念仏をとなえれば、誰でもかならず極楽浄土に往生できるという他力の教えは、易《やさ》しい道なので「易行道《いぎょうどう》」というわけです。

親鸞聖人は、法然上人の他力の教えをさらに一歩すすめ、阿弥陀仏の本願を疑うことなく信じる気持ち（信心《しんじん》）だけで救われると説きました。これが「絶対他力」の教えです。

つまり、念仏をたくさんとなえて救われようと思うようでは、自力の部分がまだ残っているということです。

もちろん、親鸞聖人は念仏を軽視したわけではありません。

信心と念仏は切り離すことはできないものだとしています。ただ、阿弥陀仏の本願によって、すべての人々が極楽浄土に往生できるという大前提があります。そこで、阿弥陀仏への感謝の気持ちが自然に口から出てくるのが念仏であると説いたのです。

他力本願は「人まかせ」ではない

他力本願といえば、「他人の力をあてにする」とか「人まかせで自分は何もしない」という意味で使われることがあります。しかし、それは本来の意味とはまったくちがいます。

前述のとおり、他力とは他人の力ではなく、阿弥陀仏が人々を救おうとする大きな力のことです。これを「本願力《ほんがんりき》」といいます。

ですから浄土真宗でいう他力本願とは、阿弥陀仏の本願力を頼りとして、前向きに力強く生きる原動力という意味なのです。

「悪人」だからこそ救われる

「善人なほもって往生をとぐ、いはんや悪人をや」（善人でさえ浄土に往生できるのだから、まして悪人が往生できるのはいうまでもないことだ）

これは親鸞聖人の説いた、いわゆる悪人正《あくにんしょう》機《き》の教えです。

ふつうは、「善人と悪人が逆なのではないか」と考えてしまいますが、このままでいいのです。

ここでいう悪人とは、悪事をはたらいた人という意味ではありません。「自分は煩悩《ぼんのう》にまみれ、どれだけ修行しても救われがたい悪人だ」と思っている人です。そういう悪人こそが阿弥陀仏の救済の目当てなのです。

反対に善人は、自力で修行して往生しようとしている人です。そういう人は自分の力を信じて、阿弥陀仏を信じきれていないダメな人です。

ですから親鸞聖人は、救われがたいと思っている悪人はもちろん救われるが、ここでいう善人も自力の心を捨て、阿弥陀仏の本願力に頼りきれば救われると説いたのです。まちがっても「悪人が往生できるのだから悪いことをしても平気だ」と思ってはいけません。

根本聖典は浄土三部経

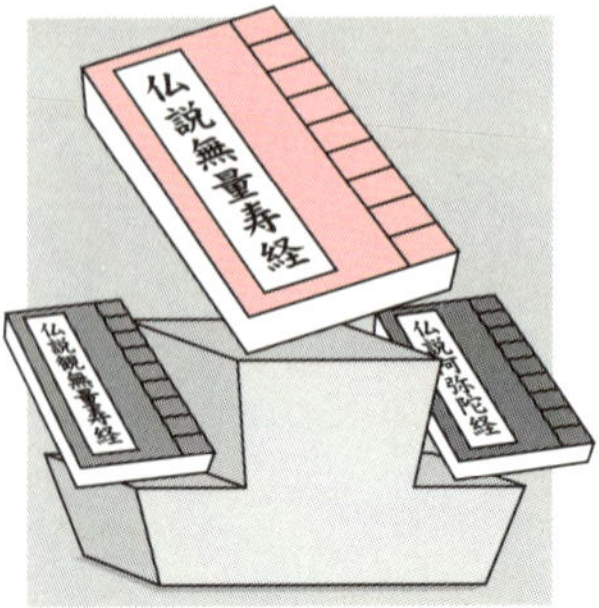

浄土真宗でよりどころとするお経は、前述の『仏説無量寿経』（11頁参照）と、『仏説観《ぶっせつかん》無量寿経《むりょうじゅきょう》』『仏説阿弥陀経《ぶっせつあみだきょう》』の三つです。これらは「浄土三部経」と呼ばれています。

なかでも、前述の『仏説無量寿経』が最重要のお経です。お経が長いので「大経《だいきょう》」とか「大無量寿経」ともいいます。なお、日常のおつとめや法事で読まれる『讃仏偈《さんぶつげ》』（嘆仏偈《たんぶつげ》）や『重誓偈《じゅうせいげ》』（三誓偈《さんせいげ》）は、この一部を抜粋したものです。

『仏説観無量寿経』は「観経《かんぎょう》」ともいわれ、極楽浄土のありさまを観《み》る方法を説いています。そのなかでお釈迦さまは、悩み苦しむ人にとって念仏をとなえることがどれほど大切かを語っています。

『仏説阿弥陀経』は、浄土三部経のなかで、もっとも短いので「小経《しょうきょう》」ともいわれます。何一つ苦しみがなく、絢爛豪華《けんらんごうか》で楽しみだけを享受できる阿弥陀仏の極楽浄土の様子を語っています。

おつとめでとなえる親鸞聖人の言葉

朝夕のおつとめで最初にとなえる『正信偈《しょうしんげ》』（正信念仏偈《しょうしんねんぶつげ》）は、親鸞聖人の主著である『教行信証《きょうぎょうしんしょう》』の一部です。

『教行信証』は、正式名称を『顕浄土真実教《けんじょうどしんじつきょう》行証文類《ぎょうしょうもんるい》』といい、『仏説無量寿経』に説かれている内容を親鸞聖人が独自に解釈したものです。

一二二四年、親鸞聖人が五二歳のときに常《ひ》陸稲田《たちいなだ》（茨城県笠間市）で著し、生涯をかけて補訂をつづけたと伝えられます。のちに、この一二二四年が、浄土真宗立教開宗の年とされました。

『教行信証』は全六巻（教《きょう》・行《ぎょう》・信《しん》・証《しょう》・真《しん》仏土《ぶつど》・化身土《けしんど》）からなり、浄土真宗の教えが整然と示されています。

そして「行」巻の最後に出てくる一二〇句の偈文《げもん》（詩句）が『正信偈』で、『教行信証』のエッセンスといわれています。そこには浄土真宗の教えの要点がまとめられています。

また、親鸞聖人の著作に三帖和讃《さんじょうわさん》（『浄土《じょうど》和讃《わさん》』『高僧和讃《こうそうわさん》』『正像末和讃《しょうぞうまつわさん》』の総称）があります。和讃とは、仏さまや高僧をたたえる和文の詩です。『正信偈』は漢文ですが、こちらは和文で詠《よ》まれているので漢語を読めない門徒にも親しまれたようです。そこで、本願寺中興の祖である蓮如上人《れんにょしょうにん》は『正信偈《しょうしんげ》・念仏和讃六首引《ねんぶつわさんろくしゅびき》』（61頁参照）を朝夕のおつとめの基本としました。

また、蓮如上人が門徒に手紙で教えを伝えた『御文章《ごぶんしょう》』（御文《おふみ》）もわかりやすく、法話の前などによく読まれます。

『般若心経』を読まない理由

『般若心経《はんにゃしんぎょう》』は、「八万四千の法門」といわれるほど数あるお経のなかで、もっともよく知られています。

ところが、浄土真宗では『般若心経』を読みません。

というのは、『般若心経』は、「いっさいこだわらない〝空《くう》〟の境地になれば、煩悩を断ち切ることができる。そうすれば、おのずと悟りに近づける」として、悟りの智慧《ちえ》を開くことを説いた自力の教えだからです。

いっぽう、浄土真宗では「私たち凡夫はいくら修行を積んでも煩悩を断ち切ることなどできない。だからこそ、阿弥陀仏の本願力を信じきるのみである」と、他力の教えをよりどころとしています。

このような理由で、浄土真宗では『般若心経』を読まないのです。

誰もが救われる在家仏教

いまでこそほとんどの仏教宗派が僧侶の妻帯を認めていますが、親鸞聖人が生きた鎌倉時代には僧侶が結婚することは考えられないことでした。

親鸞聖人は、その時代にありながら結婚して家庭を持ち、〝非僧非俗《ひそうひぞく》〟（30頁参照）の立場で一般の人と同じように暮らしました。

「結婚するものが救われないのなら、一般の人々は誰一人として救われないではないか」と主張したのです。そして出家在家にかかわりなく、誰もが救われることを身をもって示しました。

親鸞聖人は「底辺の人々が救われてこそ真の仏教である」として、集まってくる人々を「御同朋《おんどうぼう》」「御同行《おんどうぎょう》」と敬い、貴賤《きせん》の差別なく、やさしく教えを説きました。

迷信・俗信にとらわれない

阿弥陀仏の本願力を信じきることによってのみ救われると説く浄土真宗では、日の吉凶や占い、家相、まじないなどをいっさい頼りにしません。

一〇派に分かれる浄土真宗

現在の浄土真宗は、「真宗十派」といわれる真宗教団連合を結成しています。

親鸞聖人の血統を受け継いでいるのが、浄土真宗本願寺《ほんがんじ》派（お西《にし》）と真宗大谷《おおたに》派（お東《ひがし》）の二派です。他の八派は、親鸞聖人の門弟の流れをくんでいます。

真宗十派のなかで、派の名称として「浄土真宗」と冠しているのは本願寺派だけで、他の九派は「真宗〇〇派」と称しています。

真宗十派以外にも、真宗浄興寺《じょうこうじ》派（本山は浄興寺・新潟県上越市）、原始真宗（本山は願入寺《がんにゅうじ》・茨城県大洗町）、浄土真宗東本願寺派（本山は東本願寺・東京都台東区）などの単立宗派があります。

桃山文化を伝える西本願寺

浄土真宗本願寺派本山の本願寺（通称＝西本願寺・京都市）は、京都市民から親しみを込めて「お西さん」と呼ばれています。

現在の下京区の広大な寺地は、一一代顕如《けんにょ》が一五九一年に豊臣秀吉《とよとみひでよし》の寄進を受けたものです。その後、三男の准如《じゅんにょ》が受け継ぎました。

●真宗十派

宗派名	本山・所在地
浄土真宗本願寺派	本願寺《ほんがんじ》・京都市
真宗大谷派	真宗本廟《しんしゅうほんびょう》・京都市
真宗高田派	専修寺《せんじゅじ》・三重県津市
真宗佛光寺派	佛光寺《ぶっこうじ》・京都市
真宗興正寺派	興正寺《こうしょうじ》・京都市
真宗三門徒派	専照寺《せんしょうじ》・福井市
真宗山元《やまもと》派	證誠寺《しょうじょうじ》・福井県鯖江《さばえ》市
真宗誠照寺派	誠照寺《じょうしょうじ》・福井県鯖江市
真宗出雲路《いずもじ》派	毫摂寺《ごうしょうじ》・福井県越前《えちぜん》市
真宗木辺《きべ》派	錦織寺《きんしょくじ》・滋賀県野洲《やす》市

一六一七年の火災により諸堂が消失しましたが、その後、聚楽第《じゅらくだい》から飛雲閣《ひうんかく》が、伏見城から書院と唐門《からもん》などが移築されました。秀吉ゆかりの桃山文化を代表する建築物が残され、その多くが国宝に指定されています。

また、「古都京都の文化財」の一部として、世界文化遺産にも登録されています。

世界最大級の御影堂 東本願寺

真宗大谷派本山の真宗本廟《ほんびょう》（通称＝東本願寺・京都市）は、西本願寺の「お西さん」に対して「お東さん」と呼ばれています。

現在の下京区の寺地は、西本願寺の准如の兄である教如《きょうにょ》が一六〇二年に徳川家康《とくがわいえやす》の寄進を受けたものです。

東本願寺は火災や戦火に遭い、何度も伽藍《がらん》が消失しましたが、そのたびに再建されてきました。現在の伽藍は一八九五年の再建です。

当時、伽藍に使用するための大量の用材を搬入する際にワラや麻の綱を使っていましたが、巨木のためその綱が切れて事故が相次ぎました。そこで、全国の女性門徒が自分の黒髪を差し出して頑丈な綱を編みました。これを「毛綱《けづな》」といいます。太さ四〇センチ、長さ一一〇メートル、重さ一トンにもなるものなど、全部で五三本がつくられました。

世界最大級の木造建築である御影堂《ごえいどう》に使われた巨木は、毛綱なくしては搬入できなかったといわれ、門徒の結束力が伝わる逸話として語りつがれています。

東本願寺には、「板東本《ばんどうほん》」と呼ばれる親鸞聖人真筆『教行信証《きょうぎょうしんしょう》』（国宝）、親鸞聖人画像『安城御影《あんじょうのごえい》』（重文）など数々の寺宝があります。

門弟の流れをくむ八派の本山

●真宗高田派　専修寺《せんじゅじ》（三重県津市）

親鸞聖人が高田（栃木県二宮町）に建てた

如来堂がはじまりです。そこが火災に遭ったため、西に布教を進めていた高田派は一四六五年に現在地に本山を移しました。寺宝には、親鸞聖人真筆の「三帖和讃《さんじょうわさん》」などがあります。火災に遭った旧地も、本寺として再建されています。

●真宗佛光寺派《ぶっこうじ》　佛光寺（京都市）

親鸞聖人が京都山科《やましな》に結んだ草庵を起源とし、高田派の流れをくんでいます。本尊の阿弥陀如来像は、平安末期の作。

●真宗興正寺派《こうしょうじ》　興正寺（京都市）

一五世紀に佛光寺一四代経豪《きょうごう》が本願寺の蓮如上人に帰依《きえ》し、弟にお寺を譲って独立したことを起源としています。

●真宗三門徒派《さんもんと》　専照寺《せんしょうじ》（福井市）

高田派から独立した如導《にょどう》が一二九〇年に、越前《えちぜん》の地にお寺を建てたことにはじまります。室町時代には将軍足利義教《あしかがよしのり》の帰依を受けて栄えました。

●真宗山元派《やまもと》　證誠寺《しょうじょうじ》（福井県鯖江市）

親鸞聖人が越後《えちご》に流される途中に説法をした地が起源と伝えられています。その地に三門徒派の如導の弟子となった道性《どうしょう》（親鸞聖人の第四子）が創建したとされています。

●真宗誠照寺派《じょうしょうじ》　誠照寺（福井県鯖江市）

親鸞聖人が越後に流される途中に布教した地を起源とし、山元派の道性の子如覚《にょかく》が現在地に移転。旧地は、聖人が輿車《こしぐるま》に乗っていたことから「車の道場」と呼ばれています。

●真宗出雲路派《いずもじ》　毫摂寺《ごうしょうじ》（福井県越前市）

親鸞聖人が京都出雲路（上京区付近）に念仏道場を開いたのがはじまりとされ、応仁《おうにん》の乱のころ、山元派を頼って越前に移転。

江戸時代につくられた梵鐘の大きさと音のみごとさは北陸随一といわれています。

●真宗木辺派《きべ》　錦織寺《きんしょくじ》（滋賀県野洲市）

九世紀に天台宗三代円仁《えんにん》が毘沙門天《びしゃもんてん》をまつるために建てた天安堂が起源とされます。

一二三五年、関東布教を終えて京都に帰る途中の親鸞聖人がここに立ち寄り、説法をしたことに由来しています。そのあとは一番弟子の性信《しょうしん》に託されたといわれています。

関東布教時代の門弟ゆかりのお寺

親鸞聖人の関東布教時代の二四人の門弟を「関東二十四輩《にじゅうよはい》」といいます。

現在、二四人の門弟ゆかりのお寺は移転や再建などによって増えたので、茨城県を中心に四三カ寺あります。これらは「関東二十四輩寺院」と呼ばれ、親鸞聖人の旧跡めぐりで参詣する門徒も多数います。

おもな門弟とゆかりのお寺を紹介します。

関東二十四輩の第一番は、親鸞聖人の一番弟子の性信《しょうしん》です。彼はもともと法然上人の門下で、親鸞聖人の越後流罪や関東への移住にも同行しました。報恩寺《ほうおんじ》（茨城県常総市と東京都台東区にある）を開きました。

第二番の真仏《しんぶつ》は、現在、真宗高田派の本寺となっている専修寺《せんじゅじ》（栃木県二宮町）を開きました。

第三番の順信《じゅんしん》は、もとは鹿島神宮の神官だったといわれています。無量寿寺《むりょうじゅじ》（茨城県鉾《ほこ》田《た》市の鳥栖《とりのす》地区と下冨田《しもとみた》地区の二寺がある）を開きました。

このように、門弟たちはそれぞれの地で布教の拠点をつくり、親鸞聖人の教えをひろめました。その流れは、現在の浄土真宗系各派の形成につながっています。

●関東二十四輩寺院

順番 門弟	寺名（所在地）
第一番 性信《しょうしん》	報恩寺《ほうおんじ》（茨城県常総市） 報恩寺《ほうおんじ》（東京都台東区）
第二番 真仏《しんぶつ》	専修寺《せんじゅじ》（栃木県二宮町）
第三番 順信《じゅんしん》	無量寿寺《むりょうじゅじ》（茨城県鉾田《ほこた》市鳥栖） 無量寿寺《むりょうじゅじ》（茨城県鉾田市下冨田）
第四番 乗然《じょうねん》	如来寺《にょらいじ》（茨城県石岡市）
第五番 信楽《しんぎょう》	弘徳寺《こうとくじ》（茨城県八千代町） 弘徳寺《こうとくじ》（神奈川県厚木市）
第六番 成然《じょうねん》	妙安寺《みょうあんじ》（群馬県前橋市） 妙安寺《みょうあんじ》（茨城県坂東市） 妙安寺《みょうあんじ》（茨城県境町）

●関東二十四輩寺院

順番 門弟	寺名（所在地）
第七番 西念《さいねん》	西念寺《さいねんじ》（茨城県坂東市） 宗願寺《そうがんじ》（茨城県古河市） 長命寺《ちょうめいじ》（千葉県野田市） 長命寺《ちょうめいじ》（長野市）
第八番 證性《しょうしょう》	蓮生寺《れんしょうじ》（福島県棚倉町） 青蓮寺《しょうれんじ》（茨城県常陸太田市）
第九番 善性《ぜんしょう》	東弘寺《とうこうじ》（茨城県常総市）
第一〇番 是信《ぜしん》	本誓寺《ほんせいじ》（岩手県盛岡市） 本誓寺《ほんせいじ》（長野市）
第一一番 無為信《むいしん》	無為信寺《むいしんじ》（新潟県阿賀野市） 稱念寺《しょうねんじ》（宮城県仙台市）
第一二番 善念《ぜんねん》	善重寺《ぜんじゅうじ》（茨城県水戸市） 善徳寺《ぜんとくじ》（茨城県常陸太田市）
第一三番 信願《しんがん》	慈願寺《じがんじ》（栃木県那珂川町） 慈願寺《じがんじ》（栃木県那須烏山市） 観専寺《かんせんじ》（栃木県宇都宮市）
第一四番 定信《じょうしん》	阿弥陀寺《あみだじ》（茨城県那珂市） 願船寺《がんせんじ》（茨城県東海村）
第一五番 入西《にゅうさい》（道円《どうえん》）	枕石寺《ちんせきじ》（茨城県常陸太田市）
第一六番 穴沢《あなさわ》の入信《にゅうしん》	寿命寺《じゅみょうじ》（茨城県常陸大宮市）
第一七番 念信《ねんしん》	照願寺《しょうがんじ》（茨城県常陸大宮市） 照願寺《しょうがんじ》（千葉県いすみ市）
第一八番 八田《はった》の入信《にゅうしん》	常福寺《じょうふくじ》（茨城県つくば市）
第一九番 明法《みょうほう》（弁円《べんねん》）	上宮寺《じょうぐうじ》（茨城県那珂市） 法専寺《ほうせんじ》（茨城県常陸大宮市）
第二〇番 慈善《じぜん》	常弘寺《じょうこうじ》（茨城県常陸大宮市）
第二一番 唯仏《ゆいぶつ》	浄光寺《じょうこうじ》（茨城県ひたちなか市）
第二二番 戸森《ともり》の唯信《ゆいしん》	唯信寺《ゆいしんじ》（茨城県笠間市）
第二三番 畠谷《はたや》の唯信《ゆいしん》	信願寺《しんがんじ》（茨城県水戸市） 覚念寺《かくねんじ》（茨城県日立市）
第二四番 唯円《ゆいえん》	西光寺《さいこうじ》（茨城県常陸太田市） 本泉寺《ほんせんじ》（茨城県常陸大宮市）

第2章

浄土真宗の歴史

九歳で得度し比叡山で修行

親鸞聖人は、平安時代末期の一一七三年に京都で生まれました。幼名は松若丸《まつわかまる》といいます。父は日野有範《ひののありのり》とされ、藤原氏の流れをくむ公家の名門といわれています。

この時代は公家政治から武家政治への転換期で戦乱がつづきました。さらに、たび重なる天災や飢饉《ききん》が追い打ちをかけ、人々は不安におびえて暮らしていました。

松若丸は、数え年九歳の春に天台宗青蓮院《しょうれんいん》で得度します。得度の理由は明らかではありませんが、母親との死別がきっかけになったという説もあります。

聡明な松若丸は、得度式が翌日に延ばされようとしたとき、「明日ありと思ふ心のあだざくら　夜半《よわ》に嵐の吹かぬものかは」という歌を詠《よ》んで式をいそいだといわれています。得度後、範宴《はんねん》の名をもらい、すぐに天台宗総本山の比叡山延暦寺《ひえいざんえんりゃくじ》にのぼりました。

しかし、二〇年間にも及ぶ厳しい修行をつづけますが、悟りを開くことはできません。修行を積むほどに自身の煩悩《ぼんのう》にまみれた浅ましい心を思い知らされ、親鸞聖人は悩んだ末に比叡山をおりたのです。

それが二九歳の春でした。

聖徳太子の夢告で法然上人と出会う

比叡山をおりた親鸞聖人は、聖徳太子ゆかりの六角堂にこもって祈願しました。そこで、「法然《ほうねん》上人に救いの道を求めよ」という聖徳太子の夢告を得るのです。

このころの京都では、法然上人の説く専修念《せんじゅねん》仏《ぶつ》が民衆の心をつかんでいました。専修念仏とは、他のいっさいの修行を捨てて念仏だけをとなえれば、すべての人が浄土に往生できるという教えです。これは、厳しい修行を必要とする旧仏教では見捨てられていた一般民衆に救いの道を開きました。

その教えに感銘を受けた親鸞聖人は、法然上人の門下に入り、綽空《しゃっくう》と改名しました。

法然上人は浄土宗の宗祖として知られています。上人のもとで努力を重ねた親鸞聖人は、弟子のなかでも頭角をあらわしました。法然上人からも認められ、その主著である『選択《せんじゃく》本願念仏集《ほんがんねんぶつしゅう》』の書写も許されました。これは浄土宗の秘伝書として、ごく少数の弟子にしか許されないことでした。

越後へ流罪 愚禿親鸞を名のる

ところが、親鸞聖人が法然上人の弟子となってから七年が過ぎた一二〇七年、朝廷から専修念仏停止の命令が下されます。法然教団の隆盛をよく思わない旧仏教側が朝廷に訴えたのです。

僧籍を剥奪《はくだつ》されて、法然上人は四国へ、親鸞聖人は越後《えちご》（新潟県）へ流罪となりました。このとき親鸞聖人は三五歳、七五歳の法然上人とは永遠の別れになりました。

越後へ流された親鸞聖人は、このときから「愚禿親鸞《ぐとくしんらん》」と名のるようになりました。愚禿とは愚かな求道者《ぐどうしゃ》、つまり、人間はしょせん煩悩まみれで生きることしかできないという自覚の意味を込めたのです。そして、「自分は僧籍がない以上、僧ではない。しかし求道者であるかぎり俗人でもない」という〝非《ひ》僧非俗《そうひぞく》〟の立場で念仏の教えを深めていこうと、在家仏教の確立をめざしました。

親鸞聖人の妻子については諸説ありますが、この地で豪族の娘恵信尼《えしんに》と結婚し、生涯で二男三女に恵まれたといわれます。当時、僧侶の妻帯は考えられないことでしたが、民衆に阿弥陀仏の救済を身をもって示そうとしたのかもしれません。

関東で二〇年に及ぶ布教生活

流罪から五年目、親鸞聖人はようやくゆるされました。しかし、まもなく法然上人の訃《ふ》報《ほう》もあったためか、しばらく越後に留まり、その後、京都へはもどらずに妻子をともなって関東に移住しました。

親鸞聖人四二歳のことです。当時の関東は貧しく、社会の底辺にいる人々に聖人が説く念仏の教えはひろまりました。

一二二四年、常陸《ひたち》稲田《いなだ》（茨城県笠間市）で、主著『教行信証《きょうぎょうしんしょう》』を書きはじめます。

聖人の布教活動は、上野《こうずけ》（群馬県）、下野《しもつけ》（栃木県）、下総《しもうさ》（千葉県や茨城県南部）、武蔵《むさし》

●親鸞聖人の足跡

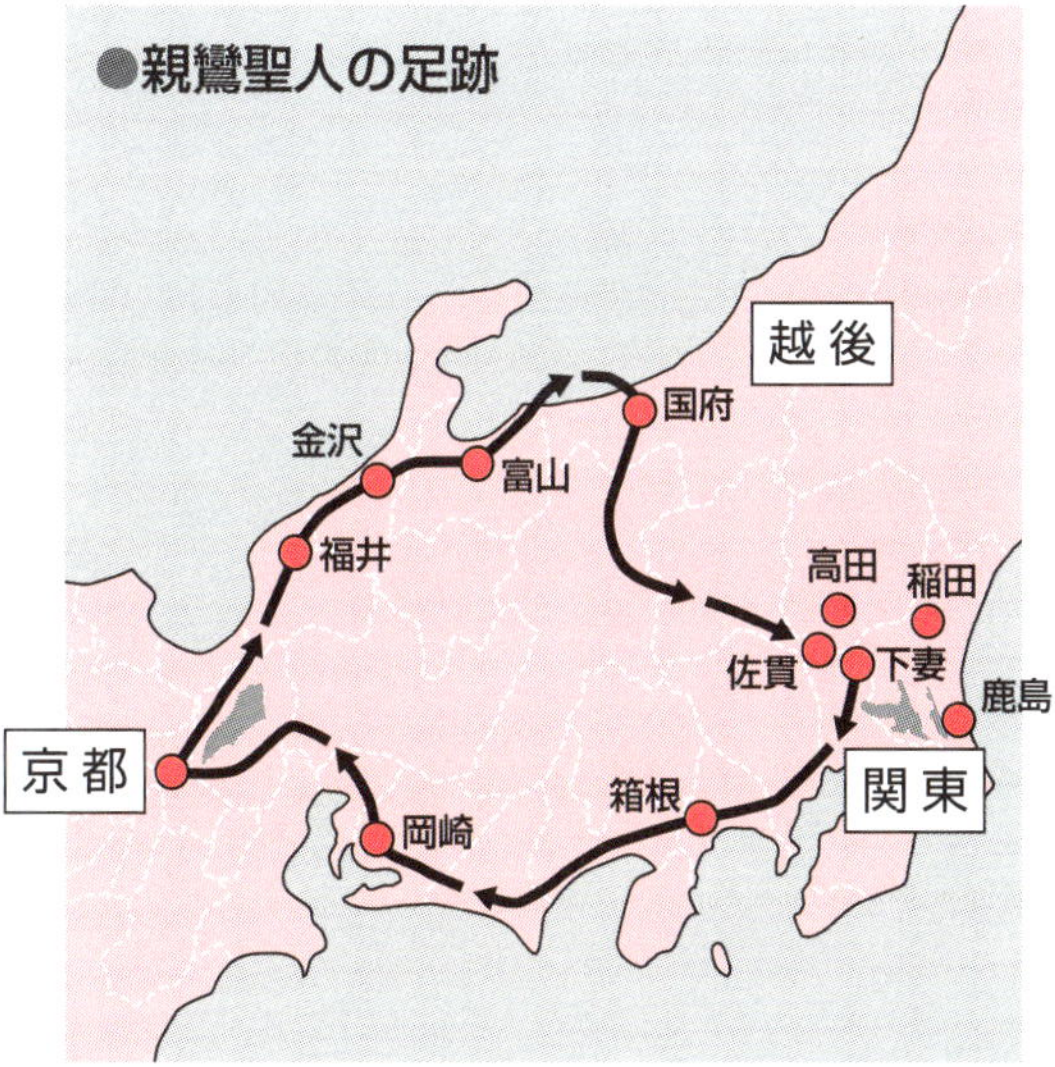

（東京都周辺）から奥州《おうしゅう》（東北）にまで及んだといわれます。そのころの門弟たちは、それぞれの地で聖人の教えをひろめ、のちに「関東二十四輩《にじゅうよはい》」と呼ばれるようになりました。

ただ、親鸞聖人自身は生涯、〝非僧非俗〟をつらぬき、教団設立の意思もありませんでした。教えを聞きに集まる人々を、「御同朋《おんどうほう》」「御同行《おんどうぎょう》」と敬い、膝《ひざ》をまじえて仏法について語り合ったといわれています。

晩年は京都に帰り 著述活動に専念

一二三五年、関東での布教を約二〇年間つづけ、六三歳になった親鸞聖人は、京都に帰ります。理由は明らかではありませんが、前年に鎌倉幕府が専修念仏を禁止する命令を出したことではないかと考えられます。聖人は、幕府から追放をいいわたされる前に、関東を離れたのだと思われます。

京都に帰った聖人は、おもに著述活動にはげみました。また、ときには関東の門弟たちが京都まで教えを乞いに来たり、書簡のやりとりをしたり、その結びつきは長くつづきました。

そして一二六二年一一月二八日、親鸞聖人は九〇歳で、末娘の覚信尼《かくしんに》らに見守られるなか、念仏をとなえながら往生しました。

関東の門弟たちが大谷本廟を支援

親鸞聖人の遺骨ははじめ、京都鳥辺野《とりべの》（現在の清水寺《きよみずでら》の南あたり）に埋葬されました。それから一〇年後、遺骨は覚信尼によって、亡夫の所有地であり、聖人がかつて法然上人の教えを学んだ吉水《よしみず》の近く（現在の知恩院《ちおんいん》の北）を墓所として移されました。

覚信尼はその墓所を関東の門弟たちに寄進し、門弟たちはお堂を建てて「大谷本廟《おおたにほんびょう》」としました。そして覚信尼が本廟の留守職《るすしき》（管理責任者）となり、子孫が世襲でつとめることを決めました。こうして、親鸞聖人の子孫が本廟を守り、関東の門弟たちが支援するかたちができました。

初代留守職の覚信尼の時代は、大谷本廟への参詣者が大勢おとずれたようです。

大谷本廟の寺院化により衰退

覚信尼の孫で三代留守職となった覚如《かくにょ》は、みずからこそが親鸞聖人の正統を受け継ぐ後継者であるとして、大谷本廟を寺院化し、「本願寺《ほんがんじ》」としました。門徒集団の統一を図ったのです。

これに対し関東の門弟たちは反発します。これまで本廟はあくまでも聖人の墓所だから支援していたのに、血縁を切り札として寺院化し、教団を形成しようとするのはおかしいというわけです。そして、本廟への支援を中止しました。

当時は関東の門弟たちが圧倒的多数を占めていたので、その支援で成り立っていた本願寺は衰退の一途をたどることになります。

門弟たちの活躍で教線が拡大

本願寺が衰退する一方で、関東の門弟たちはそれぞれの地域で教団を形成し、親鸞聖人の教えをひろめました。

性信《しょうしん》を中心とする横曽根《よこそね》門徒、真仏《しんぶつ》を中心とする高田《たかだ》門徒、順信《じゅんしん》を中心とする鹿島《かしま》門徒などが有名です（24頁参照）。

なかでも高田門徒は、真仏以降も有力な門弟が育ち、全国に教線を拡大しました。高田派の本山専修寺《せんじゅじ》は室町時代に伊勢一身田《いせいっしんでん》（三重県津市）に移転し、蓮如《れんにょ》上人が京都山科《やましな》に本願寺を復興するまで、親鸞教団の総本山的な役割を担っていました。

現在の真宗十派のなかで、東西本願寺と、木辺《きべ》派を除く七派は、高田門徒の流れをくんでいます（22頁参照）。

蓮如上人 本願寺八代を継承

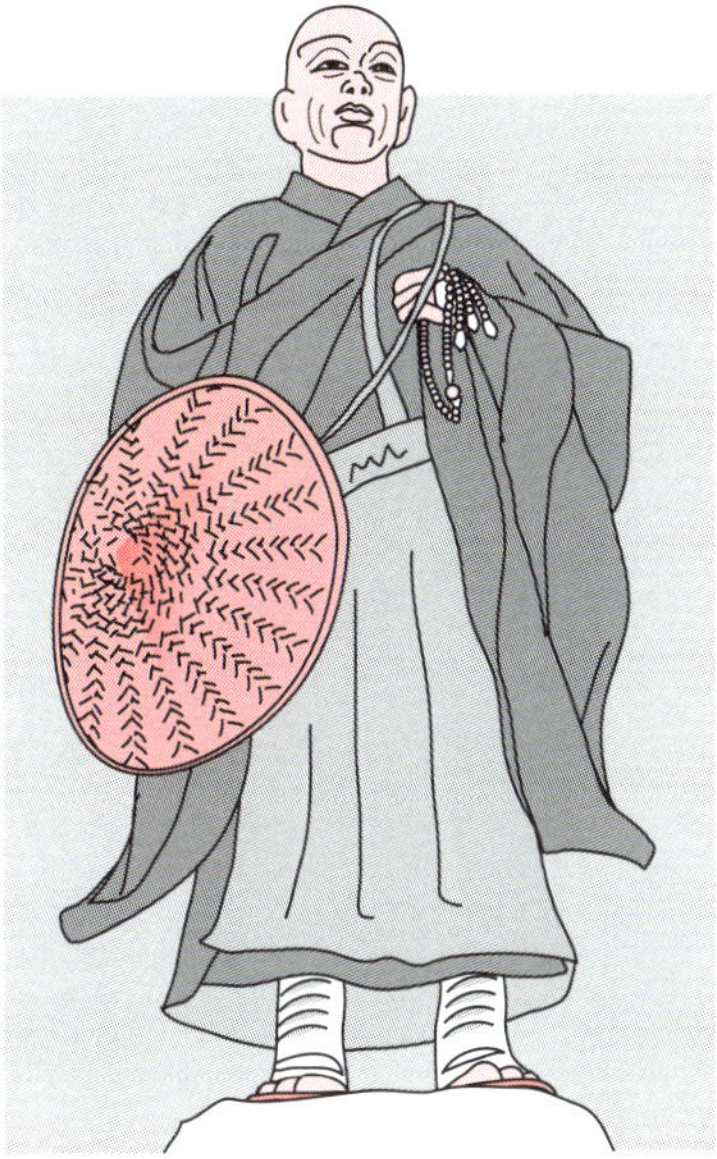

一四一五年、蓮如上人は本願寺七代存如《ぞんにょ》の長男として生まれました。

親鸞聖人没後約一五〇年を経過しており、当時の本願寺は前述のとおり関東時代の門弟教団からの援助もなく、参詣者もいない、さびれたお寺になっていました。

蓮如上人は長男でしたが正妻の子ではなく、幼少から物心両面において不遇を強いられました。極貧の生活で、灯油を買うこともできずに月明かりで親鸞聖人の著作などを読んでいたそうです。

そして四二歳のときに父存如が死去。父の正妻の子との跡継ぎ問題が起こりましたが、叔父の力添えによって、ようやく本願寺八代を継承しました。

親しみやすい布教に門徒が集まる

室町末期から戦国時代は、乱世で民衆は不安におののいていました。蓮如上人は親鸞聖人の精神に立ち返り、みずから北陸、東北、関東をめぐって、門徒たちを「御同朋《おんどうぼう》」「御《おん》同行《どうぎょう》」と敬い、誰に対しても差別することなく平等に接しました。

そして、最大の特徴は手紙での布教です。遠方の門徒に対し、手紙でわかりやすく教えを説いたのです。これらが『御文章《ごぶんしょう》』（御文《おふみ》）です。

また蓮如上人は、『正信偈《しょうしんげ》・念仏和讃《ねんぶつわさん》六首引《ろくしゅびき》』（61頁参照）という朝夕のおつとめの基本を制定しました。これにより、門徒たちが全員でお経を唱和できるようになりました。

こうした蓮如上人の努力によって、本願寺教団は急速に勢力を拡大します。

越前吉崎での布教と一向一揆

本願寺教団が活況を呈してくると、それをよしとしない旧仏教側の弾圧がはじまりました。裕福な近江《おうみ》商人たちが本願寺門徒になったことも、そこを地盤とする比叡山の反感を買いました。そして一四六五年、比叡山衆徒の襲撃を受け、本願寺は破壊されました。

蓮如上人は近江（滋賀県）周辺を転々としながらも布教活動をつづけ、六年後には越前《えちぜん》吉崎《よしざき》（福井県あわら市）に拠点を築きました。

●吉崎御坊

これを吉崎御坊《よしざきごぼう》といいます。

吉崎には上人の法話を聞こうと各地から門徒が集まり、その宿泊施設などがわずか数年で二〇〇軒にも及んだといわれます。

また蓮如上人は、各地の門徒たちに対して、定期的に寄り合いを開いて信心《しんじん》のことなどについて話し合うことをすすめました。これによって、本願寺教団の組織力はさらに強まりました。

ところが、この強くなった組織と各地の戦国大名が摩擦を起こすようになり、これが一《いっ》向《こう》一《いっ》揆《き》へとつながっています。一向とは、当時の本願寺教団が「一向宗」と呼ばれていたことによります。

なかでも加賀《かが》（石川県）の一向一揆では、本願寺の門徒集団が一国を支配するに至り、その自治を一〇〇年間もつづけることになります。

蓮如上人は門徒たちに政治的・軍事的な行動を起こさないように呼びかけますが、門徒集団の勢いは止められませんでした。これ以上の混乱を避けたい上人は吉崎を離れ、畿内を中心に行動します。

京都山科に本願寺を再建

蓮如上人は、本願寺再建のために山科《やましな》（京都府）に移り住みます。そして一四八三年ころには山科本願寺が完成し、本願寺の再建を果たしました。

堀や土塁をめぐらした巨大な山科本願寺は、みごとな荘厳《しょうごん》で「仏国のごとし」と称されました。その六年後、七五歳になった上人は五男の実如《じつにょ》に山科本願寺を譲って引退します。

蓮如上人は、妻が相次いで死去したため、生涯に五人の妻を迎え、一三男一四女の子供がいたといわれています。

引退後も畿内を中心に布教の日々を送り、大坂御坊《おおざかごぼう》（のちの石山《いしやま》本願寺）を建てるなど、一四九九年に八五歳で亡くなるまで本願寺の発展に尽くしました。

本願寺の存亡をかけ信長と全面戦争

室町幕府を滅ぼし、天下統一の野望に燃える織田信長《おだのぶなが》は、比叡山を焼き討ちし、さらに本願寺教団へも圧力をかけてきました。

当時、本願寺教団の拠点は石山本願寺に移っており、門主は一一代顕如《けんにょ》でした。

信長は石山本願寺の明け渡しを要求するも、それを顕如はきっぱりと断ります。そして一五七〇年、本願寺と信長との全面戦争がはじまりました。これが「石山合戦」です。

一〇年に及ぶ戦いは、朝廷の仲介によって和解しますが、実質的には本願寺教団の敗北でした。

終戦時の和解応諾が本願寺分立の遠因に

石山合戦の和解に際しては、石山本願寺より退去などの条件がつけられたことで、本願寺教団では当初、意見が分かれました。

顕如は和解を受けて紀伊鷺森《きいさぎのもり》（和歌山市）に隠棲《いんせい》することにしました。しかし、長男の教如《きょうにょ》はそれに反対し、石山本願寺に立てこもります。そのため、顕如は教如を一時的に義絶しました。

結局、教如も信長の攻撃に耐えきれずに数カ月で紀州に退去することになります。石山合戦の和解から二年後、信長は本能寺《ほんのうじ》で討たれ、豊臣秀吉《とよとみひでよし》が天下を統一します。秀吉は本願寺教団と友好的に接し、一五九一年、京都堀川七条に寺地を寄進。翌年、顕如はここに本願寺を再興します。しかし顕如は、この年に死去しました。

歴史に翻弄された本願寺教団

顕如没後、教如が本願寺の後継者となりました。ところがその翌年、秀吉は、教如の弟准如《じゅんにょ》に本願寺を継がせるよう教如に引退を命じたのです。一説によると、教如と准如の母である如春尼《にょしゅんに》が、夫顕如が書いた准如への譲り状があるとして秀吉に示したともいわれています。いずれにせよ本願寺一二代は准如になりました。

納得できずに引退させられた教如でしたが、教如を支持する門徒も多く、本願寺の一角に住して布教活動をしていました。

そして、徳川家康《とくがわいえやす》が天下を治めるに至って、教如に転機がおとずれます。関ヶ原の戦いで教如は家康を支持したことから、庇護《ひご》を受けるようになります。

一六〇二年、家康から本願寺にほど近い京

都烏丸《からすま》六条に寺地を寄進されます。翌年、教如はここに別の本願寺を建て、本願寺は分立しました。

以降、准如が継いだ本願寺は西本願寺、教如が建てた本願寺は東本願寺と呼ばれ、ともに発展し現在に至っています。

●本願寺の分立

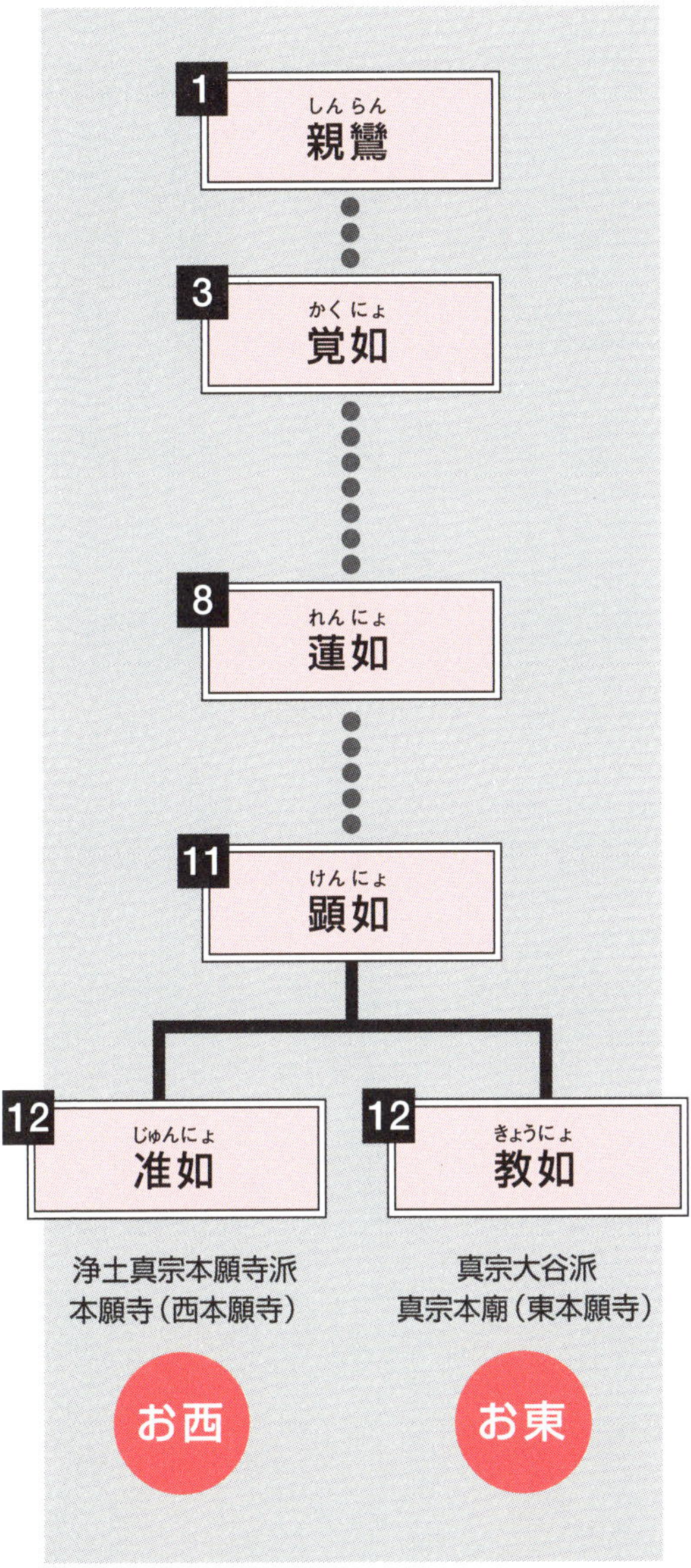

江戸時代以降の浄土真宗

江戸時代になると、幕府はキリスト教追放のために、住民はいずれかのお寺に所属しなければならないという檀家《だんか》・寺請《てらうけ》制度を徹底させました。

また、軍事力を持てないように厳しい寺院法度《はっと》を定めました。そのため、僧たちは布教活動に力を入れなくなりました。「葬式仏教」といわれる仏教界の堕落は、ここに端を発しています。

また一部に、かつての一向一揆を危惧《きぐ》し、キリスト教とともに念仏を禁止する藩もあり、浄土真宗にとっては長い不遇の時代がつづきました。

明治時代になると、神道《しんとう》の国教化と廃仏毀釈《はいぶつきしゃく》によって仏教界全体が被害を受けます。しかし、本願寺派の島地黙雷《しまじもくらい》らの国へのはたらきかけによって「信教自由令」が発令され、仏教界は少しずつ被害から立ち直りました。

また、『歎異抄《たんにしょう》』を世に紹介した大谷派の清沢満之《きよざわまんし》をはじめとするすぐれた学者僧が多数出て宗門研究が飛躍的に進みました。

現在、浄土真宗のお寺は単なる参詣寺院ではなく、門徒への教えの場として、仏教文化講座や法話会などが催されています。

第3章

浄土真宗の仏壇とおつとめ

仏壇は一家の心のよりどころ

「うちには亡くなった人がいないから仏壇はまだいらない」という人がいますが、それはちがいます。

仏壇は故人や先祖をまつるものではありません。迷える私たちを救ってくれる阿弥陀仏を安置するためのものです。

それでは故人や先祖はどうなったのかというと、阿弥陀仏の極楽浄土に生まれ変わり、仏さまになっているのです。ですから阿弥陀仏を敬えば、すべての先祖を敬うことになります。

「仏壇を購入すると死者が出る」「分家だから仏壇は必要ない」などといった迷信や誤解があるようですが、仏壇は一家の心のよりどころとなるものです。

死者が出てからあわてて買い求めるよりも、思い立ったときに購入するのがよいでしょう。

また、購入する日や安置する方角にも吉凶はありませんので、とらわれないようにしましょう。

金仏壇は阿弥陀仏の極楽浄土

一般的な仏壇内部の構造は、上段を「須弥《しゅみ》壇《だん》」、その上の空間を「宮殿《くうでん》」といいます。

これは、私たちが住んでいるこの世界の中心には須弥山《しゅみせん》という高い山があり、その上に宮殿があって仏さまが住んでいるという仏教の宇宙観

をあらわしています。

だから、どの宗派の仏壇も、須弥山をあらわす須弥壇は精巧な彫刻が施され、宮殿には本尊と脇掛《わきがけ》をかけるようになっています。

浄土真宗の仏壇というと豪華な金《きん》仏壇を思い浮かべる人も多いでしょう。

金仏壇は、故人や先祖がいる阿弥陀仏の極楽浄土をあらわしています。

そもそも浄土とは色も形もない真実そのものの仏さまの世界であり、仏さまの数だけあります。数ある浄土のなかでも阿弥陀仏の極楽浄土の素晴らしい様子をなんとか目に見える形であらわそうとしたのが浄土真宗の金仏壇なのです。

仏壇の購入は宗派をしっかり伝えて

ところが金仏壇でも、本願寺派と大谷派とでは若干のちがいがあります。

たとえば宮殿の屋根が、本願寺派は一重屋根、大谷派は二重屋根になっています。また、本願寺派の柱はすべて金箔《きんぱく》が押され、大谷派の柱は飾り金具が打たれています。

このように構造がちがい、お飾りする仏具などもちがってきますので、仏壇を購入する際には「浄土真宗本願寺派」（お西）、「真宗大谷派」（お東）というように、自分の宗派をしっかり伝えるようにしましょう。

しかし、浄土真宗だから金仏壇でなければいけないということはありません。

黒檀《こくたん》や紫檀《したん》の唐木《からき》仏壇でもさしつかえありません。最近は、マンションの洋間にも似合うモダンな現代仏壇もあります。

家に仏壇を置くスペースがないときには無理して仏壇を購入する必要はありません。

タンスの上などに本尊と三具足《みつぐそく》（50頁参照）を置くだけで立派な仏壇です。

浄土真宗のお寺は、熱心な念仏者が自分の家に阿弥陀仏の絵像などをかけただけの念仏道場（内《うち》道場）にはじまりました。そのため、仏壇を「お内仏《ないぶつ》」ともいいます。

本尊は本山からいただく

浄土真宗の本尊は阿弥陀仏です。

本尊や脇掛（49頁参照）は、仏具店で求めることもできますが、所属するお寺を通して本山からいただくのが正式です。

本尊の大きさは仏壇の大きさに合わせて、二〇代、三〇代、五〇代、……といった呼び方をします。これは昔、二〇文《もん》の代金（冥加金《みょうがきん》）でいただいた大きさを二〇代というように呼んだことからきています。

本山からいただいた本尊の裏には「方便法《ほうべんほっ》身尊形《しんそんぎょう》」と書かれています。これは、本来は色も形もない真実そのものの世界の阿弥陀仏が、私たちの目に見える形となって現れてくれた尊い姿であるという意味です。

他宗では坐像の阿弥陀仏をまつっているところもありますが、浄土真宗が本尊とする阿弥陀仏は立像です。

これは、私たち凡夫《ぼんぶ》をただちに救おうとして立ち上がった姿を示しています。そして身体から発する四八本の光（光背《こうはい》）は、阿弥陀仏の四十八願《しじゅうはちがん》（12頁参照）の象徴です。

また、手指の形（印相《いんぞう》）にも意味があり、右手の手のひらを前に向けて挙げ、左手を下げて手のひらをこちらに向けた形は「施無畏《せむい》与願印《よがんいん》」と呼ばれています。これも、人々のさまざまな畏怖《いふ》を取り去って救ってくれる阿弥陀仏の慈悲の心を示すものです。

脇掛に御影《ごえい》をかけるようになったのは近年になってからです。

蓮如上人《れんにょ》は「木像よりは絵像、絵像よりは名号《みょうごう》」といい、たくさんの名号を書いて布教しました。それは、偶像崇拝に陥ることを危《き》惧《ぐ》したためです。

本尊の六字名号「南無阿弥陀仏《なも(む)あみだぶつ》」は念仏の言葉です。

また、十字名号「帰命尽十方無碍光如来《きみょうじんじっぽうむげこうにょらい》」では「あらゆる世界に届き、けっして妨げられることのない光を持つ仏さま」、九字名号「南無不可思議光如来《なも(む)ふかしぎこうにょらい》」では「私たち凡夫が思いはかることができない限りない光を持つ仏さま」と、どちらも阿弥陀仏の徳をたたえています。

そして「南無」も「帰命」も「頼りにします」という意味ですから、「南無阿弥陀仏」と同じく、「迷える人々をすべて光のなかに包み込んで救ってくれる阿弥陀仏を頼りにします」という言葉なのです。

仏壇に本尊を迎えたら所属のお寺の住職に入仏式（86頁参照）をつとめていただきます。

●本尊・脇掛のまつり方

＊一般的に本願寺派で用いられる

蓮如上人御影　　絵像本尊（阿弥陀仏）　　親鸞聖人御影

＊一般的に大谷派で用いられる

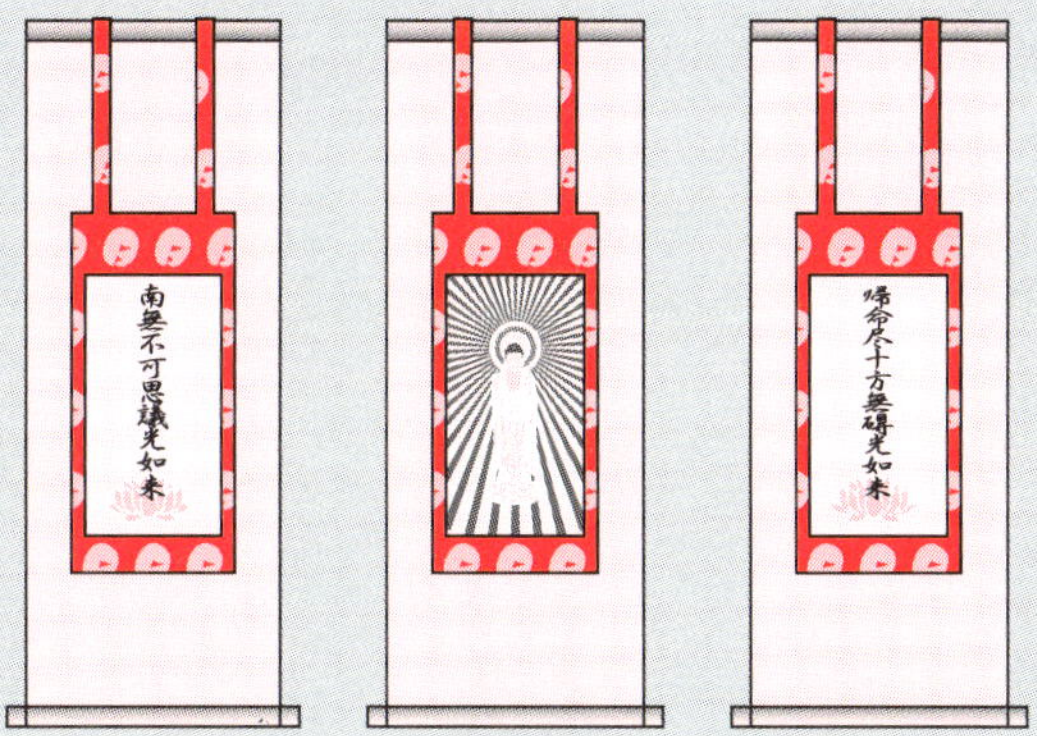

九字名号　　絵像本尊（阿弥陀仏）　　十字名号

●本願寺派の三具足

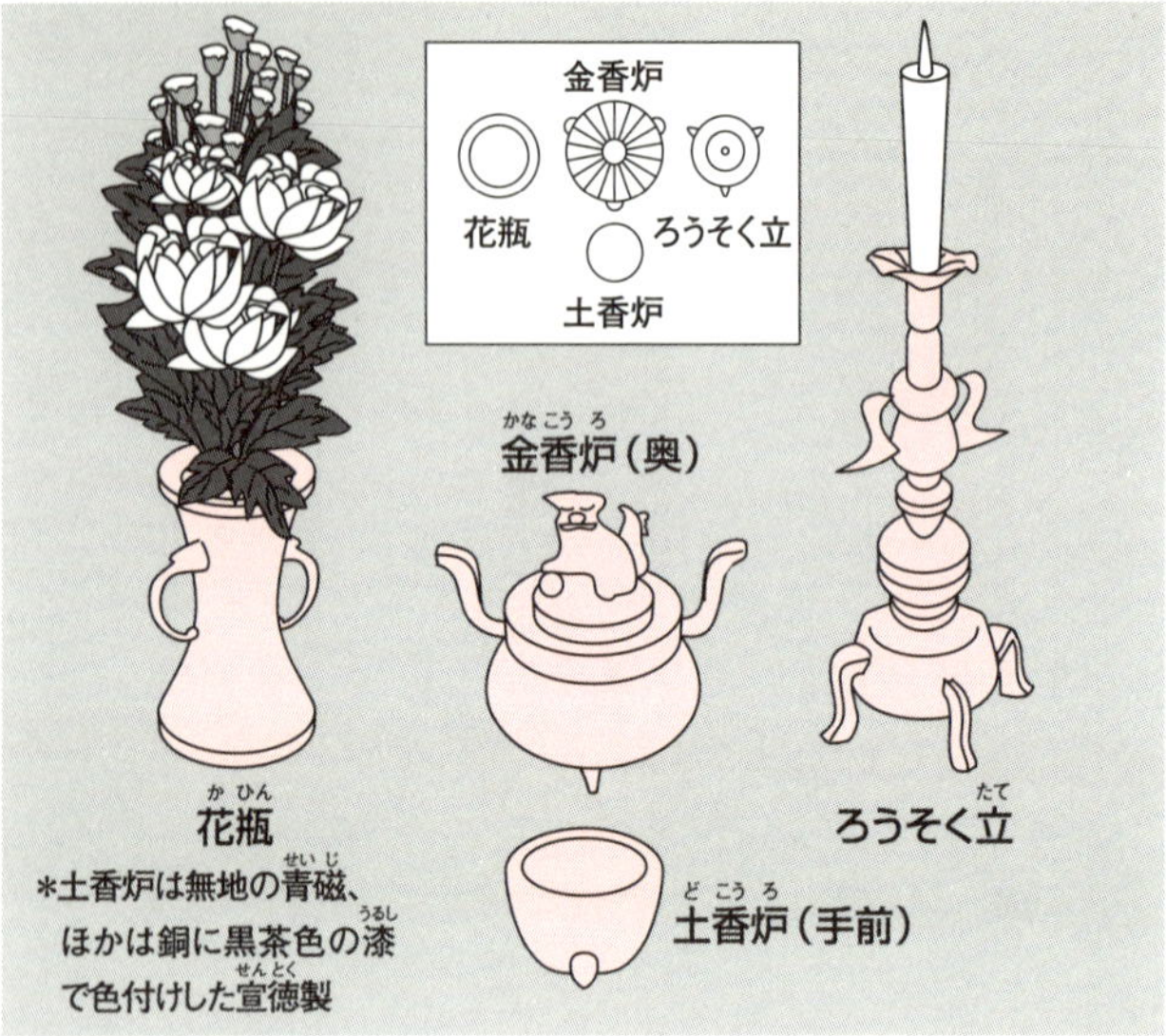

お飾りの基本は三具足

仏壇の仏具を調え、お飾りすることを「荘《しょう》厳《ごん》」といいます。

基本となる仏具は、ろうそくを立てる燭台《しょくだい》、花を立てる花瓶《かひん》、香をたく香炉《こうろ》の三つです。これを「三具足《みつぐそく》」といいます。

なお、年回（年忌）法要、お正月、お彼岸、お盆、報恩講など特別な仏事のときには、香炉の左右に燭台と花瓶を一対《いっつい》ずつ置いて「五《ご》具足《ぐそく》」（54・55頁参照）とします。

▼燭台・ろうそく立　浄土の光の象徴で、「灯《とう》

●大谷派の三具足

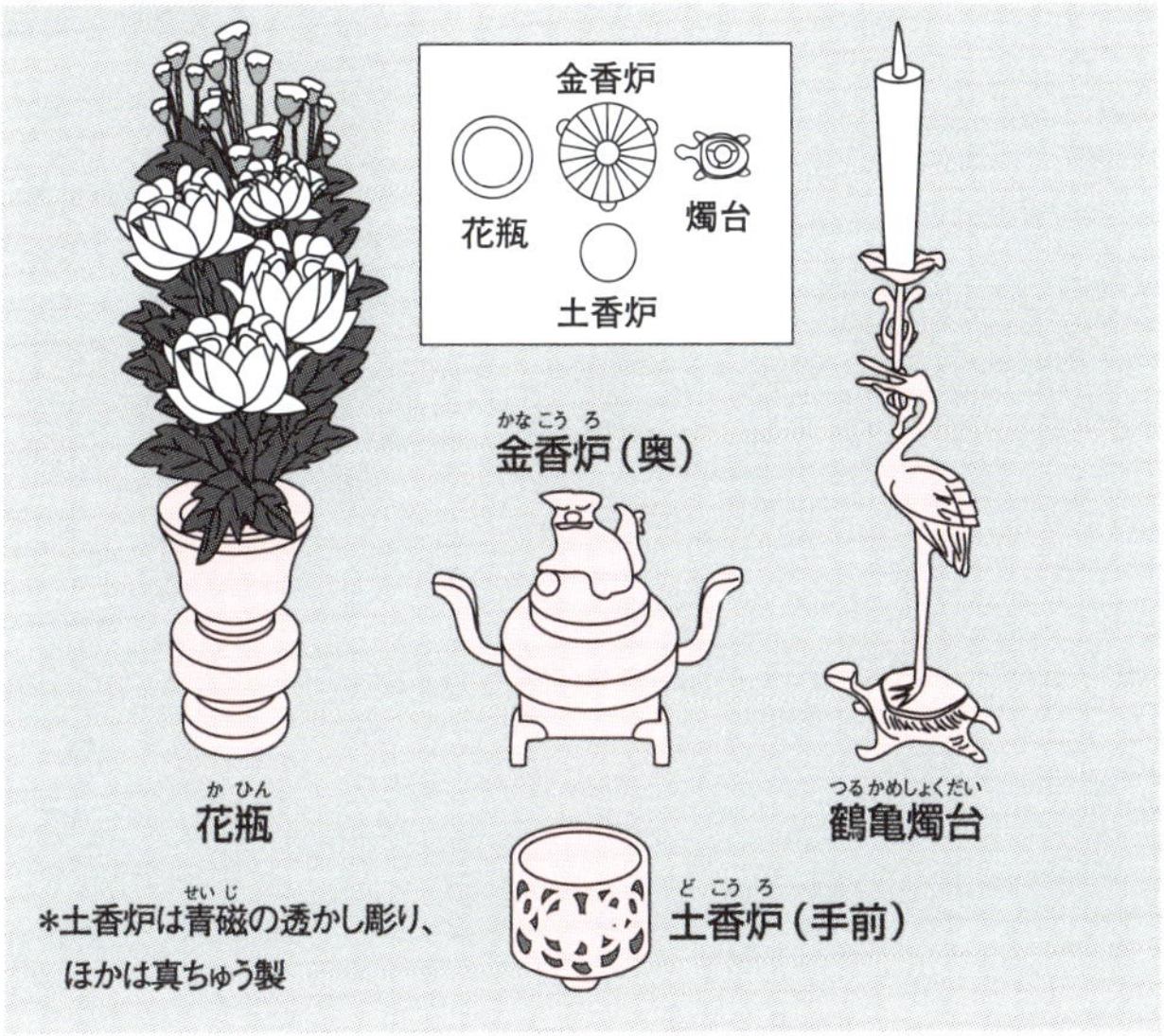

＊土香炉は青磁《せいじ》の透かし彫り、ほかは真ちゅう製

明《みょう》」ともいいます。『仏説阿弥陀経《ぶっせつあみだきょう》』に極楽浄土はすがすがしい朝の光のようなまばゆい輝きに満ちた世界であるとあります。

特別な仏事のときは朱ろうそくを立てます。

▼香炉　阿弥陀仏の差別のない慈悲の心の象徴です。慈悲の心とは、人を自分と同じように愛おしく思い、人の悲しみを自分のものとして悲しむ気持ちです。

正式には金香炉《かなこうろ》と土香炉《どこうろ》を置きますが、土香炉だけでもかまいません。

▼花瓶　極楽浄土の美しさと、すべてのものを育む阿弥陀仏の命の象徴です。ですから、かならず生花を私たちのほうへ向けて飾り、トゲや毒のある花、造花などはそなえません。

本願寺派と大谷派のお飾りの仕方

仏壇のお飾りは、浄土真宗のなかでも各派によってちがいがあります。また、仏壇の大きさなどによっても変わってきます。

ここでは本願寺派と大谷派のお飾りの仕方を紹介します（54・55頁参照）。

宮殿《くうでん》に本尊と脇掛《わきがけ》をまつり、瓔珞《ようらく》や金《かな（きん）》灯籠《とうろう》、輪灯《りんとう》などで飾ります。

須弥壇《しゅみだん》の上の本尊の前に上卓《うわじょく》を置きます。

上卓には、本願寺派では、ろうそく立《たて》、火《か》舎《しゃ》、華瓶一対《けびょういっつい》の「四具足《しぐそく》」を置きます。大谷派では、火舎香炉《かしゃこうろ》、香盒《こうごう》、華瓶一対を置きます。華瓶には樒《しきみ》など青木を挿します。そして上卓の左右に仏飯《ぶっぱん》・仏供《ぶく》一対をそなえます。

須弥壇の前に前卓《まえじょく》を置いて、前述の三具足（または五具足）を配置します。

正面に和讃箱《わさんばこ》、左に御文章箱《ごぶんしょうばこ》（本願寺派）・御文箱《おふみばこ》（大谷派）、リンは右に置きます。

特別な仏事のときには、上卓と前卓に打敷《うちしき》をかけ、供笥《くげ》に供物《くもつ》を盛って上卓の左右にそなえます。

仏壇が小さい場合は、本尊と三具足、仏飯・仏供、リンがあればじゅうぶんです。その他のお飾りは住職や仏具店に相談してそろえていけばよいでしょう。

浄土真宗では位牌を置かない

中陰《ちゅういん》（111頁参照）中に用いる白木《しらき》の位牌《いはい》を例外として、浄土真宗では位牌を置きません。身内に亡くなった方があれば、位牌ではなく法名軸《ほうみょうじく》にして仏壇の内側側面にかけるのが正式です。

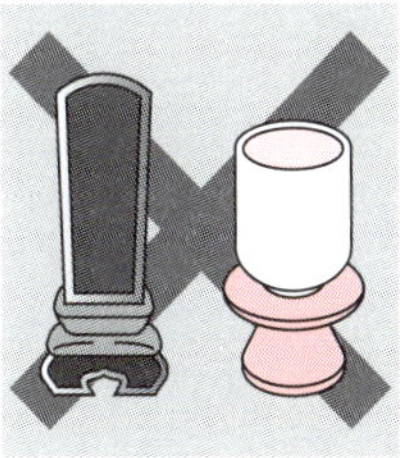

位牌は、中国後漢時代、儒教のならわしにより官位や姓名を小さな板に記してまつったことにはじまったものです。それが日本に伝わり、先祖供養という日本的な習俗の影響を受けて、現在のようなかたちになったといわれています。

位牌が以前から仏壇のなかにあったなら、中段か下段の脇に移します。

前述したように故人や先祖は阿弥陀仏の極楽浄土に生まれ変わり、仏さまになっているのですから、阿弥陀仏を敬えばすべての先祖を敬うことになるからです。

位牌や法名軸、過去帳によって故人をしのぶのはよいですが、そのなかに霊が宿っているなどとは考えません。

したがって、お膳（霊供膳《れいぐぜん》）、酒、茶湯《ちゃとう》、水などもそなえないのです。

●本願寺派のお飾り

❶本尊
❷脇掛《わきがけ》
❸戸帳《とちょう》
❹華鬘《けまん》
❺金灯籠《かなとうろう》（一対）
❻瓔珞《ようらく》（一対）
❼輪灯《りんとう》（一対）
❾仏飯《ぶっぱん》（一対）
❿供笥《くげ》（一対）
⓫打敷《うちしき》
⓭和讃箱《わさんばこ》・和讃卓《わさんじょく》
⓮御文章箱《ごぶんしょうばこ》・御文章台《ごぶんしょうだい》
⓯リン
⓰過去帳
⓱香盒《こうごう》

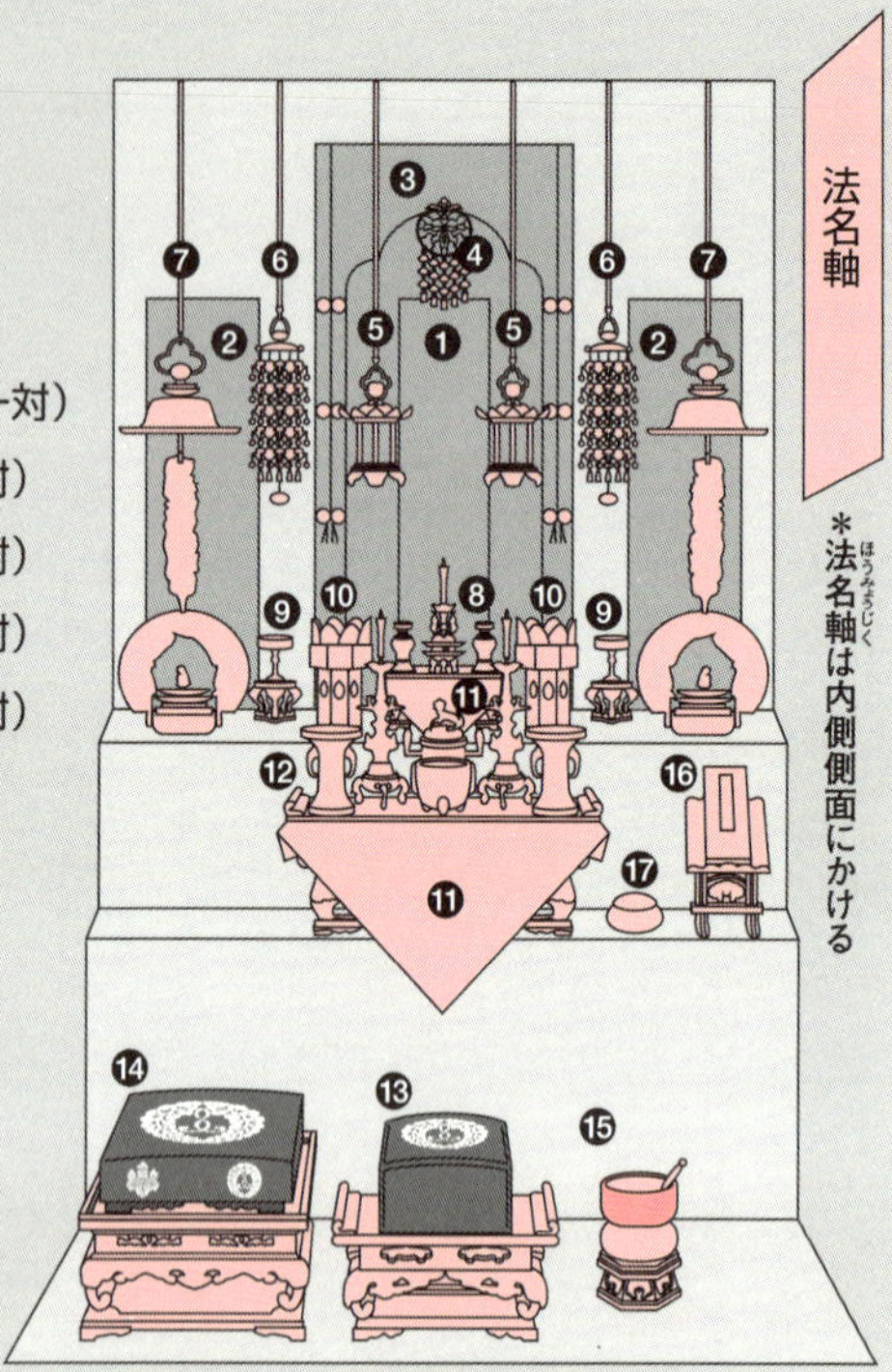

＊法名軸《ほうみょうじく》は内側側面にかける

❽上卓《うわじょく》のお飾り（四具足）

⓬前卓《まえじょく》のお飾り（五具足）

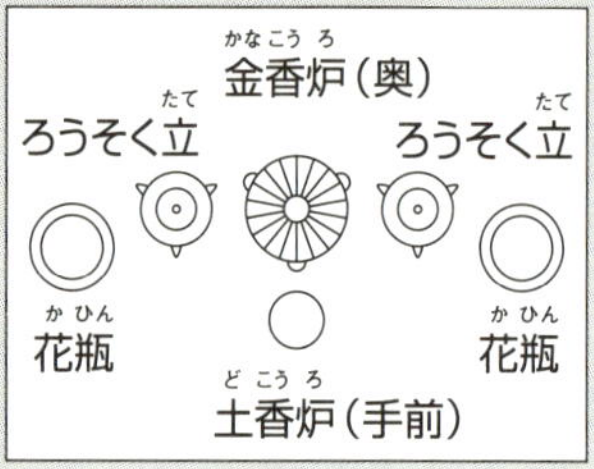

＊上卓のろうそく立には朱色の木蝋《もくろう》を立てておき、火はともさない
＊三本足の仏具はかならず一本の足が正面にくるように置く
＊本願寺派の和讃箱や御文章箱、香盒には下《さが》り藤《ふじ》の紋が付いている

●大谷派のお飾り

❶本尊
❷脇掛《わきがけ》
❸金灯籠《きんとうろう》（一対）
❹瓔珞《ようらく》（一対）
❺輪灯《りんとう》（一対）
❻仏供《ぶく》（一対）
❼供笥《くげ》（一対）
❽打敷《うちしき》
⓫和讃箱《わさんばこ》・和讃卓《わさんじょく》
⓬御文箱《おふみばこ》
⓭リン
⓮過去帳

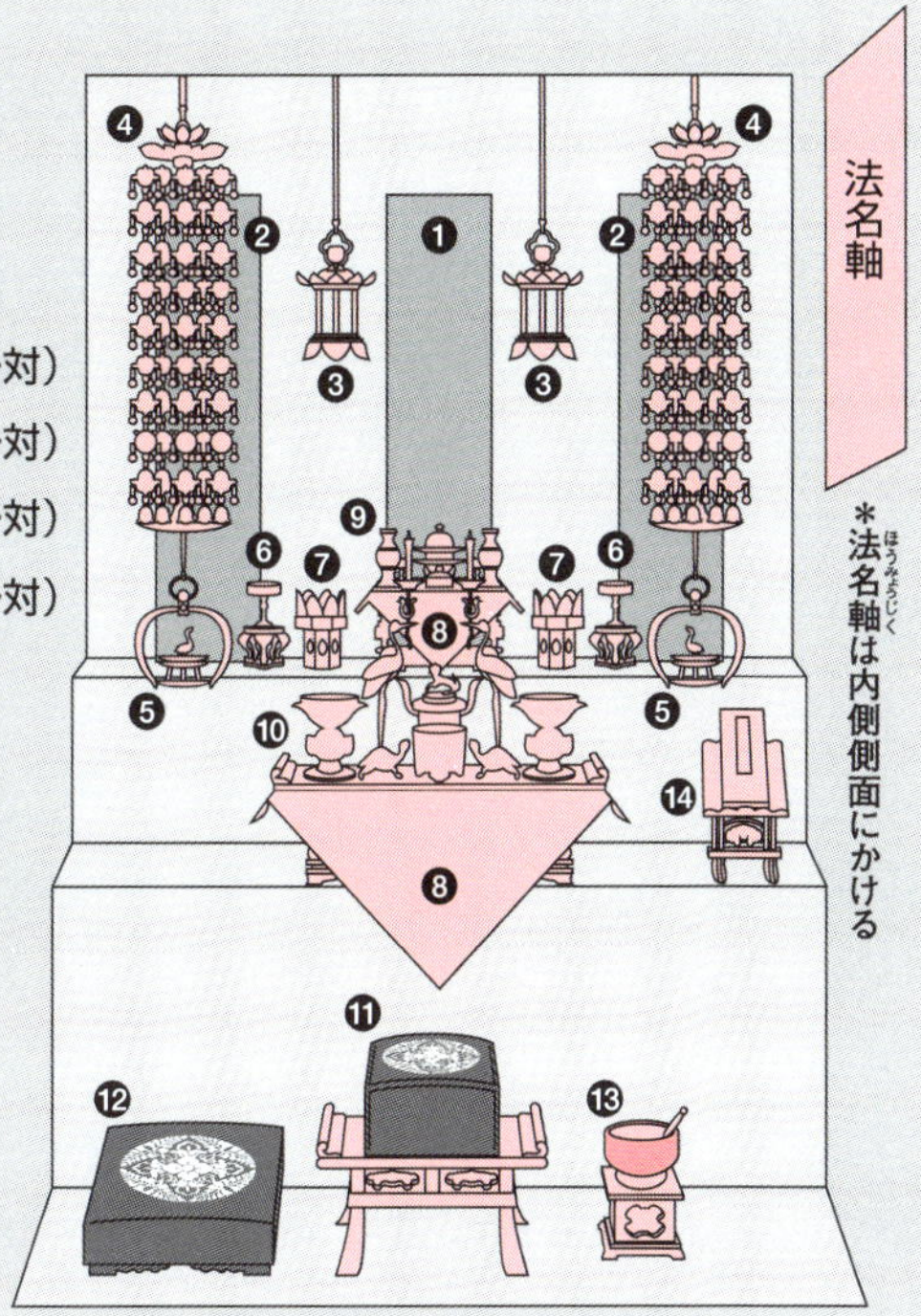

❾上卓《うわじょく》のお飾り

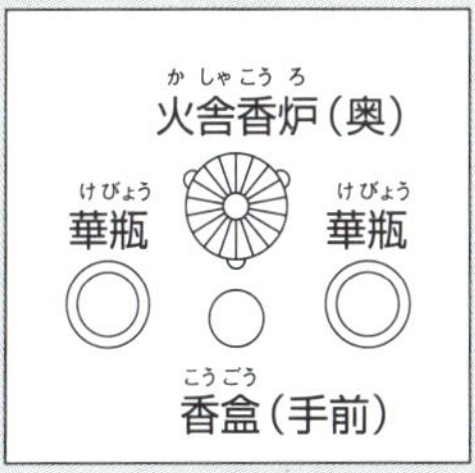

❿前卓《まえじょく》のお飾り（五具足）

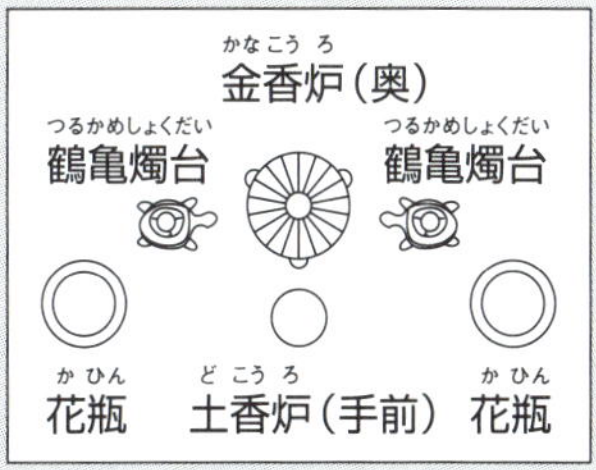

＊三本足の仏具はかならず一本の足が正面にくるように置く
＊大谷派の和讃箱や御文箱、香盒には八藤紋《やつふじ》が付いている

日常のおつとめは感謝の気持ちで

「門徒」といえば浄土真宗の信者をさします。

真宗門徒として、もっとも大切なことは「聞法《もんぼう》の心」です。仏法（仏教の教え）を聞くということですが、浄土真宗ではとくに念仏の教えを正しく聞くことをいいます。

私たち凡夫が「南無阿弥陀仏」と念仏をとなえれば、阿弥陀仏はかならず救ってくれます。なぜなら、阿弥陀仏は修行中に悩み苦しむ人々をすべて救えるようになるまでは仏にはならないと誓ったからです。これを「阿弥陀仏の本願」といいます（12頁参照）。

真宗門徒をもっともよくあらわすものとして、「御同朋《おんどうぼう》」「御同行《おんどうぎょう》」という言葉があります。親鸞聖人の言葉で、念仏をとなえるものは、男女の別、年齢、世俗の地位など、あらゆるちがいをこえて、友であり、ともに連れ立っていく仲間であるという意味です。

また、「門徒物忌《ものい》み知らず」という言葉があります。これは、真宗門徒は念仏の教えだけを信じ、大安・仏滅・友引といった日の吉凶、方位・姓名判断、占いなどの俗信や迷信に左右されないことをいいあらわしています。

おつとめを先祖供養のためのものと考えている方が少なくありませんが、毎日繰り返しお経を読むことによって、自分自身が仏教の教えを受けるところに大きな意味があります。

真宗門徒は、阿弥陀仏の本願を信じ、かならず救っていただける身の幸せを喜び、報恩感謝の気持ちで念仏をとなえることがおつとめです。すなわち、しなければならない念仏ではなくて、せずにはおれない念仏なのです。このような気持ちにすぐになれるものではありませんから、念仏に親しむつもりで、毎日朝夕おつとめをつづけるとよいでしょう。

おつとめは「勤行《ごんぎょう》」ともいいます。日課として行なうということです。

ふだんの生活のなかで「ありがとう」という言葉を使ったことがない人は、本当にありがたいと思ったときでも、なかなかこの言葉がいえないものです。同様に、ふだんから念仏をとなえていれば、阿弥陀仏の本願に気づいたときに自然に口から感謝の念仏が出てくるでしょう。

お経に説かれた一つひとつの言葉には、それぞれ深い意味が込められています。お経を読んであじわうとともに、何が書かれているかを知ることも意義深いことです。

それには、お寺での法話や説教を繰り返し聞くことがいちばんの早道です。

●合掌礼拝

おつとめの基本は合掌礼拝

合掌は、両手を胸の前で自然に合わせ、指先をまっすぐに伸ばし、すきまをつくらないようにぴったりとつけます。腕は体に対して四五度の角度で上方に伸ばします。そして、本尊に向かって「南無阿弥陀仏」と静かに声に出して念仏を数回となえます。となえ終わったら、合掌のまま上体を四五度傾けて礼拝《らいはい》し、上体をもどしてから合掌をときます。

仏壇の前での朝夕のおつとめでは、念珠《ねんじゅ》をかけます。

●念珠の作法

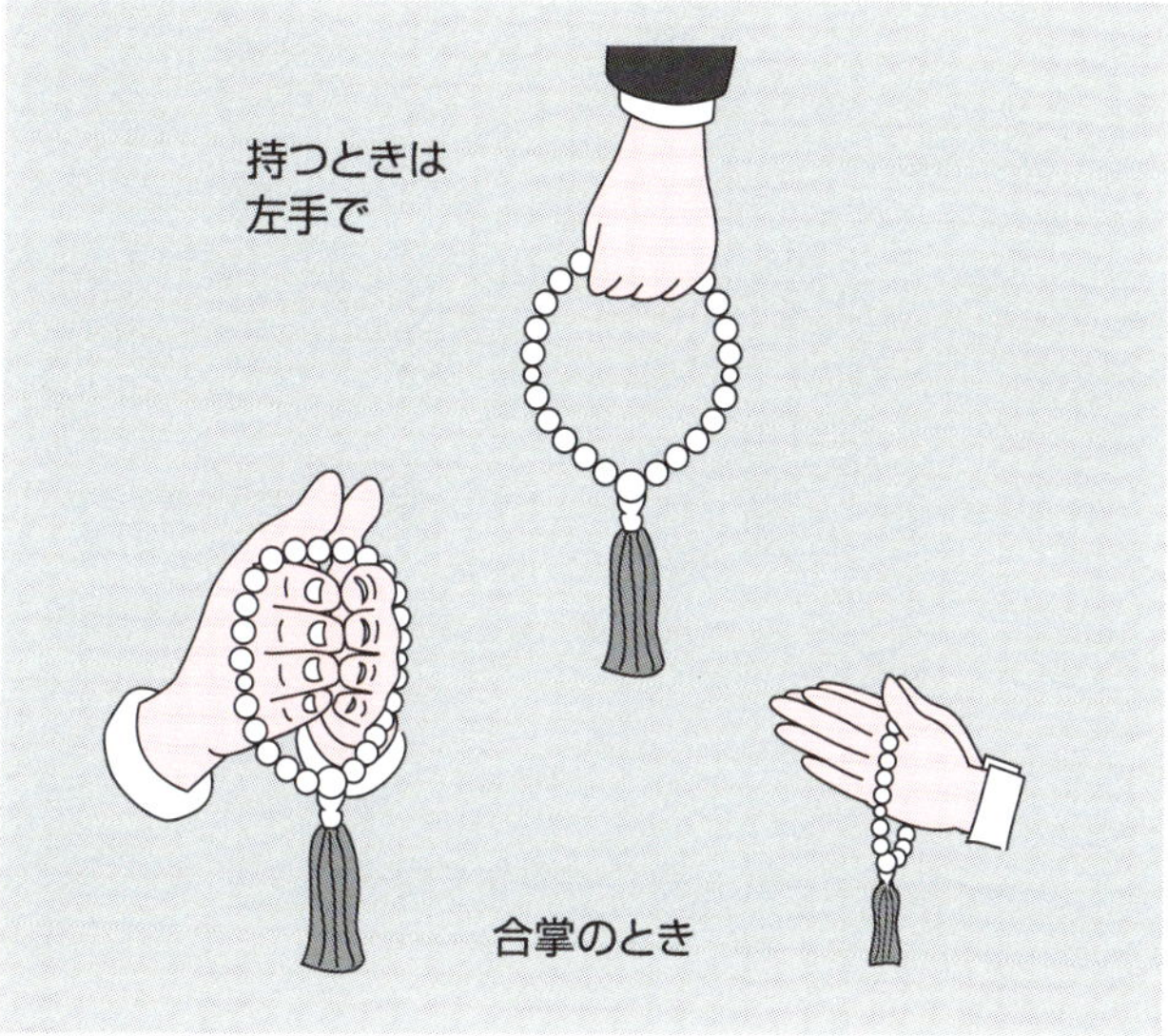

念珠は礼拝するときの身だしなみ

念珠は「数珠《じゅず》」ともいいます。いろいろな珠数《たまかず》のものがありますが、在家信者は略式の一輪《ひとわ》の念珠でよいでしょう。できれば、家族全員がそれぞれに持ちたいものです。

念珠のかけ方は宗派によってちがいます。浄土真宗では一輪の念珠の場合、合掌のときは、房を下にして両手の四指にかけて親指で軽く押さえます。すり合わせるようなことはしません。合掌以外のときは房を下にして左手で持ちます。

浄土真宗では線香を立てない

お給仕を調えてから おつとめをする

朝夕のおつとめの前には、花瓶《かひん》や華瓶《けびょう》の水をとりかえ、ろうそくに火をともし、香をたきます。

ふだんは線香でかまいませんが、浄土真宗では線香を立てません。線香を香炉の大きさに応じた長さに折って火をつけ、灰の上に横にして置きます。本数に決まりはありません。

そして、本願寺派では、朝のおつとめの前に炊きたての仏飯《ぶっぱん》をそなえます。大谷派では仏供《ぶく》といって、朝のおつとめ後にそなえます。

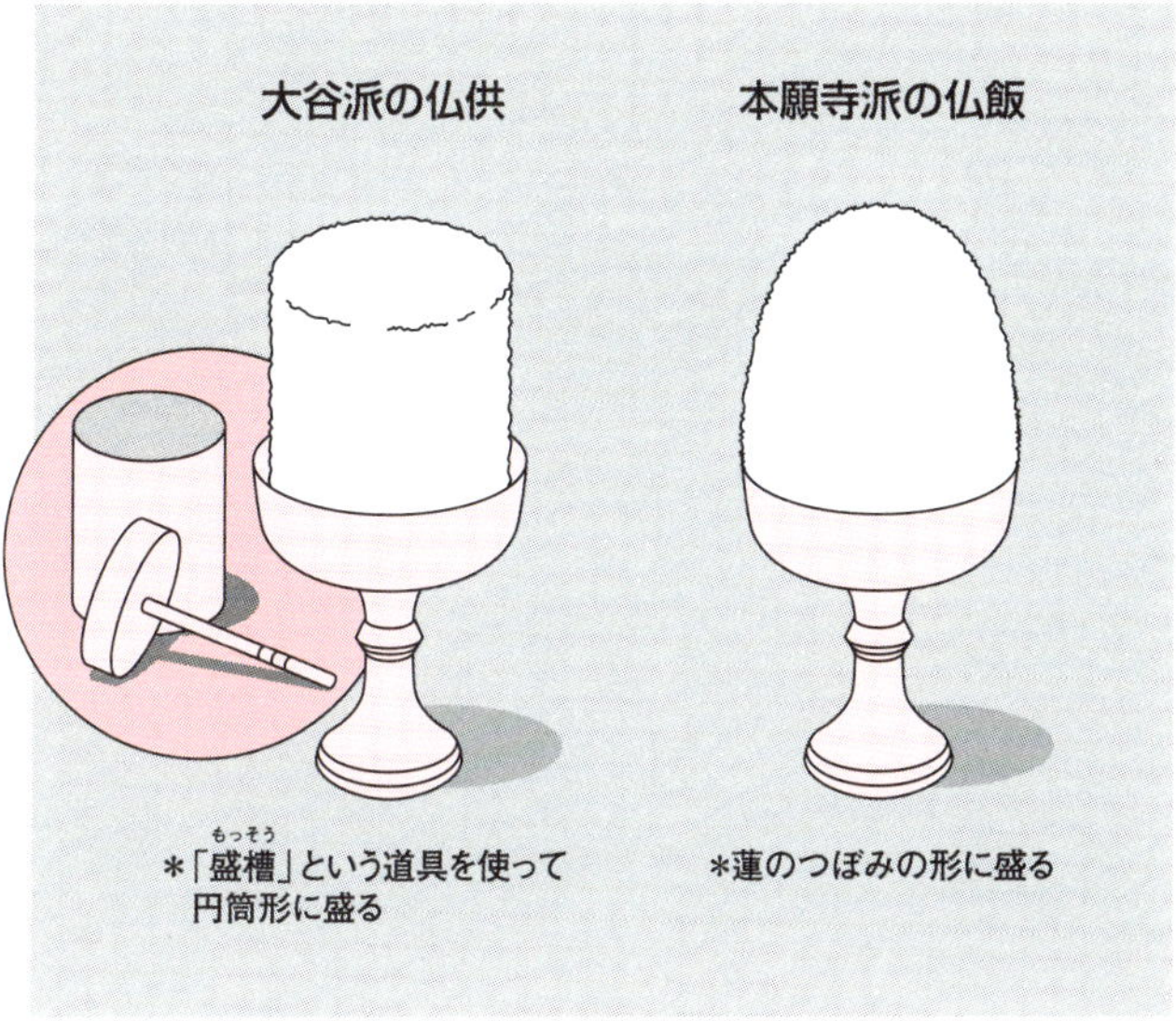

＊「盛槽《もっそう》」という道具を使って円筒形に盛る
＊蓮のつぼみの形に盛る

仏飯・仏供は正午までに下げ、家族でいただくとよいでしょう。夕《ゆうべ》のおつとめにはそなえません。

お給仕が調ったら合掌礼拝し、リンを鳴らしておつとめをはじめます。

リンは読経の始まりや区切り、終わりに鳴らすものなので、読経以外にむやみに鳴らさないようにします。

また経本や念珠は、床《ゆか》や畳の上などには直接置かず、かならず敷物や台の上に置くようにします。

となえるお経は、蓮如上人の時代から『正《しょう》信偈《しんげ》・念仏和讃六首引《ねんぶつわさんろくしゅびき》』が基本となっています。正信偈は、親鸞聖人の主著『教行信証《きょうぎょうしんしょう》』

「行《ぎょう》」巻の末尾にある偈文《げもん》（詩句）で、正式には「正信念仏偈《しょうしんねんぶつげ》」といいます。念仏和讃六首引というのは、正式には三帖和讃（『浄土和讃』『高僧和讃』『正像末和讃《しょうぞうまつわさん》』の総称）から抜粋された最初の六首を朝のおつとめで読んだら夕のおつとめでは次の六首というように順番に読んでいきますが、最初の六首を毎回繰り返して読んでもかまいません。

本願寺派では、つづけて『御文章《ごぶんしょう》』『領解《りょうげ》文《もん》』などをとなえます。御文章は「御文《おふみ》」ともいい、蓮如上人が手紙で説いた教えです。領解文は蓮如上人が浄土真宗の意義を簡潔にまとめたもので、お寺で法話を聴聞したのちに全員で唱和する言葉です。

大谷派では、『嘆仏偈《たんぶつげ》』と短念仏（念仏一〇回）をとなえるおつとめの仕方もあります。嘆仏偈というのは、『仏説無量寿経《ぶっせつむりょうじゅきょう》』上巻にある四言八〇句の短い偈文です。阿弥陀仏が修行時代、師の世自在王仏《せじざいおうぶつ》の徳をたたえ、みずからも師と同じくすぐれた仏になりたいと誓願する旨が述べられているので、本願寺派では『讃仏偈《さんぶつげ》』と呼ばれています。

経本は、それぞれの宗門より『浄土真宗本願寺派日常勤行聖典』『真宗大谷派勤行集』が出ています。おつとめの仕方は、お寺で習ったり、最近はカセットテープやＣＤが市販されていますので聞きながら練習するとよいでしょう。

●おつとめの仕方

①合掌礼拝する
＊本願寺派では念珠を左手に持って行なう
＊大谷派では念珠を左手首にかけておく
②経本を額の高さに頂戴する*
③リンを打って読経をする*
④経本を額の高さに頂戴する*
⑤合掌礼拝する

まずはじめに覚えたい『正信偈』

『正信偈』（正信念仏偈）のなかで親鸞聖人は、最初に自身の信心《しんじん》を述べました。そして、その信心はお釈迦さまが『仏説無量寿経』で説いている阿弥陀仏の本願力《ほんがんりき》によって恵まれたものである喜びをあらわしています。

さらに、それを教え伝えてくれたインド・中国・日本の七人の高僧たちの徳をたたえ、私たちに念仏をすすめています。

真宗門徒であれば、まずはじめに覚えたいのが、この『正信偈』です。

和讃は、阿弥陀仏をほめたたえる詩

親鸞聖人は、和讃を「和《やわ》らげ讃《ほ》め」といいました。七五調の詩句形式の和語により阿弥陀仏をほめたたえることで、わかりやすく、また口ずさむことができるようにしたのです。

『浄土真宗本願寺派日常勤行聖典』をもとに『正信偈』の全文と最初の和讃六首を紹介しますのであじわってください。

日常勤行聖典にはこのほか、『御文章』、『讃仏偈』（嘆仏偈）、『重誓偈』（三誓偈）、『仏説阿弥陀経』などが収録されています。

正信念仏偈（正信偈）

①帰《き》命《みょう》無《む》量《りょう》寿《じゅ》如《にょ》来《らい》　南《な》無《も(む)》不《ふ》可《か》思《し》議《ぎ》光《こう》

②法《ほう》蔵《ぞう》菩《ぼ》薩《さつ》因《いん》位《に》時《じ》　在《ざい》世《せ》自《じ》在《ざい》王《おう》仏《ぶっ》所《しょ》

覩《と》見《けん》諸《しょ》仏《ぶつ》浄《じょう》土《ど》因《いん》　国《こく》土《ど》人《にん》天《でん》之《し》善《ぜん》悪《まく》

建《こん》立《りゅう》無《む》上《じょう》殊《しゅ》勝《しょう》願《がん》　超《ちょう》発《ほつ》希《け》有《う》大《だい》弘《ぐ》誓《ぜい》

五《ご》劫《こう》思《し》惟《ゆい》之《し》摂《しょう》受《じゅ》　重《じゅう》誓《せい》名《みょう》声《しょう》聞《もん》十《じっ》方《ぽう》

普《ふ》放《ほう》無《む》量《りょう》無《む》辺《へん》光《こう》　無《む》碍《げ》無《む》対《たい》光《こう》炎《えん》王《のう》

正信念仏偈（正信偈）【大意】

①阿弥陀仏への帰依をあらわす

私（親鸞）は、限りない命とはかりしれない光明をそなえた阿弥陀仏を頼りといたします。

②阿弥陀仏の心を仰ぐ

その昔、阿弥陀仏が法蔵菩薩《ほうぞうぼさつ》として修行していたとき、世自在王仏《せじざいおうぶつ》のもとで、四八の誓い（四十八願《しじゅうはちがん》）をたてました。

それは五劫《ごこう》という果てしない年月をかけて思索し、諸仏の浄土の長所を選びとってまとめあげたものでした。さらに「南無阿弥陀仏」の名号《みょうごう》

清浄《しょうじょう》歓喜《かんぎ》智慧《ちえ》光《こう》　不断《ふだん》難思《なんじ》無称光《むしょうこう》
超日月光《ちょうにちがっこう》照塵刹《しょうじんせつ》　一切群生《いっさいぐんじょう》蒙光照《むこうしょう》
本願名号《ほんがんみょうごう》正定業《しょうじょうごう》　至心信楽《ししんしんぎょう》願為因《がんにいん》
成等覚《じょうとうがく》証大涅槃《しょうだいねはん》　必至滅度《ひっしめつど》願成就《がんじょうじゅ》
③如来所以《にょらいしょい》興出世《こうしゅっせ》　唯説弥陀《ゆいせつみだ》本願海《ほんがんかい》
五濁悪時《ごじょくあくじ》群生海《ぐんじょうかい》　応信如来《おうしんにょらい》如実言《にょじつごん》
能発一念《のうほついちねん》喜愛心《きあいしん》　不断煩悩《ふだんぼんのう》得涅槃《とくねはん》

（念仏）をとなえる声があらゆる世界で聞こえるように、と重ねて誓われました。

念仏が極楽浄土に往生するための正しい行ないであることは至心信楽《ししんしんぎょう》の願《がん》（第十八願＝本願）によります。人々が仏となる身と定まり、浄土に往生できるのは、必至滅度《ひっしめつど》の願（第十一願）が成就しているからです。

凡《ぼん》聖《じょう》逆《ぎゃく》謗《ほう》斉《さい》回《え》入《にゅう》　如《にょ》衆《しゅ》水《しい》入《にゅう》海《かい》一《いち》味《み》
摂《せっ》取《しゅ》心《しん》光《こう》常《じょう》照《しょう》護《ご》　已《い》能《のう》雖《すい》破《は》無《む》明《みょう》闇《あん》
貪《とん》愛《ない》瞋《しん》憎《ぞう》之《し》雲《うん》霧《む》　常《じょう》覆《ふ》真《しん》実《じつ》信《しん》心《じん》天《てん》
譬《ひ》如《にょ》日《にっ》光《こう》覆《ふ》雲《うん》霧《む》　雲《うん》霧《む》之《し》下《げ》明《みょう》無《む》闇《あん》
獲《ぎゃく》信《しん》見《けん》敬《きょう》大《だい》慶《きょう》喜《き》　即《そく》横《おう》超《ちょう》截《ぜつ》五《ご》悪《あく》趣《しゅ》
一《いっ》切《さい》善《ぜん》悪《まく》凡《ぼん》夫《ぶ》人《にん》　聞《もん》信《しん》如《にょ》来《らい》弘《ぐ》誓《ぜい》願《がん》
仏《ぶっ》言《ごん》広《こう》大《だい》勝《しょう》解《げ》者《しゃ》　是《ぜ》人《にん》名《みょう》分《ふん》陀《だ》利《り》華《け》

③お釈迦さまのすすめを喜ぶ

お釈迦さまがこの世に出現されたのは、阿弥陀仏の本願を説くためでした。

阿弥陀仏の光明は、常に私たちを照らし守っていてくださいます。本願を信じ、その慈悲の心を喜ぶならば、ただちに迷いの世界を抜け出る身と定まります。

弥《み》陀《だ》仏《ぶつ》本《ほん》願《がん》念《ねん》仏《ぶつ》　邪《じゃ》見《けん》憍《きょう》慢《まん》悪《あく》衆《しゅ》生《じょう》
信《しん》楽《ぎょう》受《じゅ》持《じ》甚《じん》以《に》難《なん》　難《なん》中《ちゅう》之《し》難《なん》無《む》過《か》斯《し》
④印《いん》度《ど》西《さい》天《てん》之《し》論《ろん》家《げ》　中《ちゅう》夏《か》日《じち》域《いき》之《し》高《こう》僧《そう》
顕《けん》大《だい》聖《しょう》興《こう》世《せ》正《しょう》意《い》　明《みょう》如《にょ》来《らい》本《ほん》誓《ぜい》応《おう》機《き》
⑤釈《しゃ》迦《か》如《にょ》来《らい》楞《りょう》伽《が》山《せん》　為《い》衆《しゅ》告《ごう》命《みょう》南《なん》天《てん》竺《じく》
龍《りゅう》樹《じゅ》大《だい》士《じ》出《しゅっ》於《と》世《せ》　悉《しつ》能《のう》摧《ざい》破《は》有《う》無《む》見《けん》
宣《せん》説《ぜつ》大《だい》乗《じょう》無《む》上《じょう》法《ほう》　証《しょう》歓《かん》喜《ぎ》地《じ》生《しょう》安《あん》楽《らく》

---

④七高僧の徳をたたえる

インド、そして中国・日本の高僧たちは、お釈迦さまが世に出現された本意を明らかにし、阿弥陀仏の本願こそ私たち凡夫にふさわしい教えであることを伝えてくださいました。

⑤龍樹菩薩の教え

お釈迦さまが楞伽山《りょうがせん》において「誰でも救われる大乗仏教の教えを説くであろう」と予言した龍樹《りゅうじゅ》は「阿弥陀仏の本願を信ずるものは、その本願力（他力）によっておのずと仏となる身と定まる。だから常に念仏をとなえ、阿弥陀仏の慈悲のご恩に報ずべきである」といいました。

顕《けん》示《じ》難《なん》行《ぎょう》陸《ろく》路《ろ》苦《く》　信《しん》楽《ぎょう》易《い》行《ぎょう》水《しい》道《どう》楽《らく》
憶《おく》念《ねん》弥《み》陀《だ》仏《ぶつ》本《ほん》願《がん》　自《じ》然《ねん》即《そく》時《じ》入《にゅう》必《ひつ》定《じょう》
唯《ゆい》能《のう》常《じょう》称《しょう》如《にょ》来《らい》号《ごう》　応《おう》報《ほう》大《だい》悲《ひ》弘《ぐ》誓《ぜい》恩《おん》
⑥天《てん》親《じん》菩《ぼ》薩《さつ》造《ぞう》論《ろん》説《せつ》　帰《き》命《みょう》無《む》碍《げ》光《こう》如《にょ》来《らい》
依《え》修《しゅ》多《た》羅《ら》顕《けん》真《しん》実《じつ》　光《こう》闡《せん》横《おう》超《ちょう》大《だい》誓《せい》願《がん》
広《こう》由《ゆ》本《ほん》願《がん》力《りき》回《え》向《こう》　為《い》度《ど》群《ぐん》生《じょう》彰《しょう》一《いっ》心《しん》
帰《き》入《にゅう》功《く》徳《どく》大《だい》宝《ほう》海《かい》　必《ひっ》獲《ぎゃく》入《にゅう》大《だい》会《え》衆《しゅ》数《しゅ》

⑥天親菩薩の教え

天親《てんじん》は『浄土論《じょうどろん》』を著して『仏説《ぶっせつ》無量寿経《むりょうじゅきょう》』の真実を明かし、「浄土に生まれた者はすぐに仏となって、神通力により、この世に還《かえ》って人々を教え導くはたらきをする」といいました。

得《とく》至《し》蓮《れん》華《げ》蔵《ぞう》世《せ》界《かい》　即《そく》証《しょう》真《しん》如《にょ》法《ほっ》性《しょう》身《じん》
遊《ゆう》煩《ぼん》悩《のう》林《りん》現《げん》神《じん》通《ずう》　入《にゅう》生《しょう》死《じ》園《おん》示《じ》応《おう》化《げ》
⑦本《ほん》師《し》曇《どん》鸞《らん》梁《りょう》天《てん》子《し》　常《じょう》向《こう》鸞《らん》処《しょ》菩《ぼ》薩《さつ》礼《らい》
三《さん》蔵《ぞう》流《る》支《し》授《じゅ》浄《じょう》教《きょう》　焚《ぼん》焼《じょう》仙《せん》経《ぎょう》帰《き》楽《らく》邦《ほう》
天《てん》親《じん》菩《ぼ》薩《さつ》論《ろん》註《ちゅう》解《げ》　報《ほう》土《ど》因《いん》果《が》顕《けん》誓《せい》願《がん》
往《おう》還《げん》回《ね》向《こう》由《ゆ》他《た》力《りき》　正《しょう》定《じょう》之《し》因《いん》唯《ゆい》信《しん》心《じん》
惑《わく》染《ぜん》凡《ぼん》夫《ぶ》信《しん》心《じん》発《ぽつ》　証《しょう》知《ち》生《しょう》死《じ》即《そく》涅《ね》槃《はん》

⑦曇鸞大師の教え

曇鸞《どんらん》は菩提流支《ぼだいるし》という僧に出会い、『仏説観無量寿経《ぶっせつかんむりょうじゅきょう》』を授けられ、それまで親しんでいた仙術《せんじゅつ》の書を焼き捨てて浄土教に帰依《きえ》しました。天親の『浄土論』の注釈書を著し、「浄土に往生することも、浄土からこの世に還って人々を救うことも、みな阿弥陀仏の本願力による」といいました。

必《ひっ》至《し》無《む》量《りょう》光《こう》明《みょう》土《ど》　諸《しょ》有《う》衆《しゅ》生《じょう》皆《かい》普《ふ》化《け》

⑧道《どう》綽《しゃっ》決《けっ》聖《しょう》道《どう》難《なん》証《しょう》　唯《ゆい》明《みょう》浄《じょう》土《ど》可《か》通《つう》入《にゅう》

万《まん》善《ぜん》自《じ》力《りき》貶《へん》勤《ごん》修《しゅ》　円《えん》満《まん》徳《とく》号《ごう》勧《かん》専《せん》称《しょう》

三《さん》不《ぷ》三《さん》信《しん》誨《け》慇《おん》懃《ごん》　像《ぞう》末《まつ》法《ほう》滅《めつ》同《どう》悲《ひ》引《いん》

一《いっ》生《しょう》造《ぞう》悪《あく》値《ち》弘《ぐ》誓《ぜい》　至《し》安《あん》養《にょう》界《がい》証《しょう》妙《みょう》果《か》

⑨善《ぜん》導《どう》独《どく》明《みょう》仏《ぶっ》正《しょう》意《い》　矜《こう》哀《あい》定《じょう》散《さん》与《よ》逆《ぎゃく》悪《あく》

光《こう》明《みょう》名《みょう》号《ごう》顕《けん》因《いん》縁《ねん》　開《かい》入《にゅう》本《ほん》願《がん》大《だい》智《ち》海《かい》

---

⑧道綽禅師の教え

道綽《どうしゃく》は、善根《ぜんごん》を積む自力修行を退けて、念仏を専《もっぱ》らとなえることをすすめました。

また、真実の信心とは何かを懇切に教え示し、「どんな時代になっても阿弥陀仏は慈悲の心で人々を導いてくださるので、たとえ私たちが一生涯の悪をなしたとしても、阿弥陀仏の本願に出合えば、やすらかな浄土に至り、仏の悟りを開かせていただける」といいました。

行《ぎょう》者《じゃ》正《しょう》受《じゅ》金《こん》剛《ごう》心《しん》　慶《きょう》喜《き》一《いち》念《ねん》相《そう》応《おう》後《ご》

与《よ》韋《い》提《だい》等《とう》獲《ぎゃく》三《さん》忍《にん》　即《そく》証《しょう》法《ほっ》性《しょう》之《し》常《じょう》楽《らく》

⑩源《げん》信《しん》広《こう》開《かい》一《いち》代《だい》教《きょう》　偏《へん》帰《き》安《あん》養《にょう》勧《かん》一《いっ》切《さい》

専《せん》雑《ぞう》執《しゅう》心《しん》判《はん》浅《せん》深《じん》　報《ほう》化《け》二《に》土《ど》正《しょう》弁《べん》立《りゅう》

極《ごく》重《じゅう》悪《あく》人《にん》唯《ゆい》称《しょう》仏《ぶつ》　我《が》亦《やく》在《ざい》彼《ひ》摂《せっ》取《しゅ》中《ちゅう》

煩《ぼん》悩《のう》障《しょう》眼《げん》雖《すい》不《ふ》見《けん》　大《だい》悲《ひ》無《む》倦《けん》常《じょう》照《しょう》我《が》

⑪本《ほん》師《し》源《げん》空《くう》明《みょう》仏《ぶっ》教《きょう》　憐《れん》愍《みん》善《ぜん》悪《まく》凡《ぼん》夫《ぶ》人《にん》

---

⑨善導大師の教え

善導《ぜんどう》は、「阿弥陀仏が人々を救うために与えてくれた〝南無阿弥陀仏〟の名号と、念仏者の信心という喜びの心が相応したときに真実の安楽を得ることができる」といいました。

⑩源信和尚の教え

源信《げんしん》は、他力による人は報土《ほうど》（真実の浄土）に、自力による人は化土《けど》（方便の浄土）に生まれることを明確にしました。

真《しん》宗《しゅう》教《きょう》証《しょう》興《こう》片《へん》州《しゅう》　選《せん》択《じゃく》本《ほん》願《がん》弘《ぐ》悪《あく》世《せ》

還《げん》来《らい》生《しょう》死《じ》輪《りん》転《でん》家《げ》　決《けっ》以《ち》疑《ぎ》情《じょう》為《い》所《しょ》止《し》

速《そく》入《にゅう》寂《じゃく》静《じょう》無《む》為《い》楽《らく》　必《ひっ》以《ち》信《しん》心《じん》為《い》能《のう》入《にゅう》

弘《ぐ》経《きょう》大《だい》士《じ》宗《しゅう》師《し》等《とう》　拯《じょう》済《さい》無《む》辺《へん》極《ごく》濁《じょく》悪《あく》

⑫道《どう》俗《ぞく》時《じ》衆《しゅ》共《ぐ》同《どう》心《しん》　唯《ゆい》可《か》信《しん》斯《し》高《こう》僧《そう》説《せつ》

---

⑪源空（法然）上人の教え

わが師である法然《ほうねん》上人は、「私たちが浄土に生まれるためには、かならず阿弥陀仏よりたまわる信心によらなければならない」といいました。

⑫親鸞聖人の願い

出家在家を問わず、ともに心を同じくして、この七人の高僧たちの教えを信ずるべきです。

和讃六首引

一首目

弥陀《みだ》成仏《じょうぶつ》のこのかたは
いまに十劫《じっこう》をへたまへ《え》り
法身《ほっしん》の光輪《こうりん》きは《わ》もなく
世《せ》の盲冥《もうみょう》をてらすなり

二首目

智慧《ちえ》の光明《こうみょう》はかりなし
有量《うりょう》の諸相《しょそう》ことごとく
光暁《こうけう》かふ《む》らぬものはなし
真実明《しんじつみょう》に帰《き》命《みょお》せよ

【一首目・現代語訳】

法蔵菩薩が阿弥陀仏となられていままで長い時間が経っていますが、限りない命を持つ阿弥陀仏の身から放たれる光明ははかりしれず、この世の暗闇のなかにいる私たちを明るく照らしてくださっています。

【二首目・現代語訳】

阿弥陀仏の智慧のはたらきははかりしれません。すべてのものを在りのままに照らし出し、闇夜を破る暁《あかつき》のような光明に包まれないものはありません。真実を明らかにしてくれる阿弥陀仏を頼りとしましょう。

三首目

解脱《げだつ》の光輪《こうりん》きは《わ》もなし
光触《こうそく》かふ《む》るものはみな
有無《うむ》をはなるとのべたま《も》ふ《お》
平等覚《びょうどうかく》に帰命《きみょお》せよ

四首目

光雲《こううん》無碍《むげ》如虚空《にょこくう》
一切《いっさい》の有碍《うげ》にさは《わ》りなし
光沢《こうたく》かふ《む》らぬものぞなき
難思議《なんじぎ》を帰命《きみょお》せよ

【三首目・現代語訳】

煩悩から解放された悟りの世界にいる阿弥陀仏の光明が照らす範囲ははかりしれず、その光明に包まれたものはみな、差別しないとおっしゃってくださいます。平等な悟りの智慧を持つ阿弥陀仏を頼りとしましょう。

【四首目・現代語訳】

阿弥陀仏の光明は雲一つない空のように、何一つとして障害とはなりえません。その光明の恩恵にめぐまれないものはないのです。私たちにはとても考えも及ばない智慧を持つ阿弥陀仏を頼りとしましょう。

五首目

清浄光明《しょうじょうこうみょう》ならびなし
遇斯光《ぐしこう》のゆへ《え》なれば
一切《いっさい》の業繫《ごっけ》ものぞこりぬ
畢竟依《ひっきょうえ》を帰命《きみょう》せよ

六首目

仏光照曜最第一《ぶっこうせうえうさいだいいち》
光炎王仏《こうえんのうぶつ》となづけたり
三塗《さんず》の黒闇《こくあん》ひらくなり
大応供《だいおうぐ》を帰命《きみょう》せよ

【五首目・現代語訳】

阿弥陀仏の光明は清らかで、ほかに並び立つものはありません。この光明にめぐりあったのですから、前世からの悪い行ないによる苦しみがすべてとりのぞかれます。究極のよりどころである阿弥陀仏を頼りとしましょう。

【六首目・現代語訳】

阿弥陀仏の光明がもっとも輝やいているので、光炎王仏《こうえんのうぶつ》とお呼びしましょう。その光明は、死後に地獄や餓鬼《がき》道《どう》、畜生道《ちくしょうどう》に堕《お》ちる不安から救ってくださいます。尊敬を受けるにふさわしい阿弥陀仏を頼りとしましょう。

第4章
浄土真宗の行事としきたり

浄土真宗のお寺の年中行事

宗祖親鸞聖人をしのぶ報恩講《ほうおんこう》や降誕会《ごうたんえ》をはじめ、お釈迦さまゆかりの行事、そして、お彼岸、お盆など仏教各宗派に共通した季節の行事があります。

こうしたお寺の行事にはなるべく参加するようにしましょう。その際には、門徒式章や肩衣《かたぎぬ》（85頁参照）、念珠《ねんじゅ》、経本、布施などを忘れずに持参したいものです。

また、その日には、家庭でも仏壇の荘厳《しょうごん》を調えて、家族そろっておつとめをします。

浄土真宗第一の行事 報恩講

報恩講は、宗祖親鸞聖人の九〇年の生涯をしのび、その恩に感謝する法要です。

聖人は一二六二年一一月二八日に亡くなりました。命日を「御正忌《ごしょうき》」といいます。

西本願寺（本願寺派本山）では新暦に改めて一月九日〜一六日に、東本願寺（大谷派本山）ではそのまま一一月二一日〜二八日に「御正忌報恩講」がつとめられます。

御正忌には本山に参詣するため、一般のお寺や家庭ではそれに先がけてつとめるならわしで「お取り越し」と呼ばれています。

報恩講は聖人の没後、門徒たちが毎月二八日に念仏の集まり（講）を開いたのがはじまりといわれています。

その後、親鸞聖人のひ孫にあたる覚如《かくにょ》（本願寺三代）が、聖人の三十三回忌に法要の形式を『報恩講式』としてまとめたことにより全国で行なわれるようになりました。

お寺では、聖人の一生を描いた『御絵伝《ごえでん》』をかけて『御伝鈔《ごでんしょう》』を拝聴します。これらは覚如が著した『親鸞伝絵《しんらんでんね》』（絵詞《えことば》）がもとになっています。そして全員で『正信偈《しょうしんげ》』をおつとめし、法話を聞き、お斎《とき》（食事）がふるまわれるところもあります。

浄土真宗第二の行事
宗祖降誕会

親鸞聖人の生誕日をお祝いする法要で、報恩講についで大切にされている行事です。

浄土真宗のお寺では、お釈迦さまの生誕日である花まつりよりも盛大に行なわれます。

親鸞聖人は一一七三年四月一日、日野の法界寺（京都市伏見区）あたりで生まれました。

西本願寺では新暦の五月二一日に法要と祝賀能などが行なわれます。東本願寺では「親鸞聖人御誕生会《ごたんじょうえ》」と呼ばれ、四月一日に近い日曜日に慶讃《けいさん》音楽法要などが行なわれます。

年始年末のおつとめ
元旦会と除夜会

元旦会《がんたんえ》は、年頭に思いを新たにして、正しきを修める法要という意味で「修正会《しゅしょうえ》」ともいいます。除夜会《じょやえ》は大晦日《おおみそか》の夜、一年のしめくくりとしておつとめする法要で「歳末勤行《さいまつごんぎょう》」ともいいます。

初詣《はつもうで》というと「家内安全」「学業成就」といった祈願をイメージしますが、真宗門徒は、一年を無事に過ごさせていただいたことに感謝し、報恩の念仏が生活の原点であるという気持ちを新たにしたいものです。

お釈迦さまの逝去をしのぶ
涅槃会

仏教の開祖であるお釈迦さまは二月一五日、インドのクシナガラの地で八〇年の生涯を閉じました。仏教各寺院では、臨終の光景を描いた「涅槃図《ねはんず》」を掲げ、お釈迦さまの徳をたたえて法要を行ないます。

お釈迦さまの生誕を祝う
花まつり

四月八日、お釈迦さまはルンビニー（現ネ

パール）の花園で誕生直後すぐに七歩あゆみ、天と地を指さして「天上天下唯我独尊《てんじょうてんげゆいがどくそん》」（この世で私にはただ一つ尊い使命がある）と高らかに救世主としての宣言をしました。それを見た梵天《ぼんてん》と帝釈天《たいしゃくてん》が天から甘露《かんろ》（不死の飲料）をそそいでお祝いしたといわれています。

それにならって仏教各寺院では、花御堂《はなみどう》にまつられた誕生仏《たんじょうぶつ》に甘《あま》茶《ちゃ》をそそいでお祝いするので「灌《かん》仏会《ぶつえ》」ともいいます。

春と秋の仏教週間
彼岸会

年二回、春分の日と秋分の日を中日《ちゅうにち》とするそれぞれ七日間を「お彼岸」といいます。

彼岸とは「到彼岸《とうひがん》」の略で、「迷いの世界（此岸《しがん》）から悟りの世界（浄土）へ到《いた》る」という意味です。

阿弥陀仏の極楽浄土は、西方《さいほう》に一〇万億もの仏さまの世界（浄土）を過ぎたところにあると『仏説阿弥陀経《ぶっせつあみだきょう》』に書かれています。そこで太陽が真西に沈むお彼岸は、お墓参りだけでなく、聞法《もんぽう》の機会としたいものです。

先祖の恩に報いる行事
盂蘭盆会

七月または八月の「お盆」のこと。お釈迦さまの弟子の目連《もくれん》が餓鬼道《がきどう》に堕《お》ちた母親を救うため、仏弟子たちに飲食を供養したという『盂蘭盆経《うらぼんきょう》』に由来しています。

浄土真宗では、仏壇に供物《くもつ》をそなえますが、迎え火や送り火をたいたり、精霊棚《しょうりょうだな》を設けてナスやキュウリでつくった牛や馬を飾ったり、精進料理のお膳をそなえたりしません。それは、自分自身が念仏を喜ぶことこそ先祖の恩に報いる道だと考えるからです。

後世に念仏を伝えていく
永代経法要

「永代経《えいたいきょう》」というお経があるわけではありません。「永代読経《どきょう》」という意味で、この念仏の場が末長く子々孫々にまでつづいていくように願っておつとめをすることを永代経法要といいます。故人のために永遠にお経をあげてくれるということではありません。

本山では毎日、一般のお寺では年に一、二回、季候のよい春や秋に行なわれています。その際には「永代経懇志《こんし》」を包みます。これはお寺の維持や教化活動にあてられます。

人生の節目と仏縁

仏教とは何かを一言でいえば、「不条理なこの世の中を人々が幸せに生きるための教え」です。それを親鸞聖人は、念仏者として生きる道に見つけました。

人生には、冠婚葬祭をはじめ、さまざまな通過儀礼があります。たとえば、子供の誕生を喜び、親の死に悲しむ、あるいは成人式や結婚式に臨んで自分の生き方を問い直したり……。こうしたことがすべて仏縁となりうるのです。

子供の誕生を仏前に報告する 命名式と初参式

子供が生まれ、名前が決まったら半紙に「命名〇〇」と書いて仏前にそなえます。所属のお寺の住職に命名していただくのもよいでしょう。真宗門徒は姓名判断などにはとらわれないようにしたいものです。

初参式《しょさんしき》は、生後一カ月から一〇〇日目くらいまでに子供を連れてはじめてお寺にお参りすることで、「初《はつ》参《まい》り」ともいいます。

初参式には、住職に読経をしていただくので、事前に連絡するようにしましょう。

また、誕生日や入学・卒業のときにも家族そろって仏前に報告するのもよいことです。

成人の感謝と決意を誓う成人式

二〇歳になると、一人前の大人として認められます。これからの人生を念仏者として生きることを誓うよいきっかけでもあります。

西本願寺では毎年一月、御正忌報恩講のあいだの日曜日に成人式を行ない、新成人の帰《き》敬式《きょうしき》（次頁参照）を受け付けています。

人生の門出にふさわしい仏前結婚式

結婚して一家を持つということは、男女がお互いの生き方に共感し、人生の苦楽をともにするパートナーになるという喜ばしいことです。

結婚式の形式は、神式、キリスト教式、人前式などいろいろありますが、仏教徒として阿弥陀仏の仏前で挙式するのもよいものです。

仏前結婚式の特色は念珠の授与です。

なお、真宗門徒は、大安吉日や仏滅にとらわれずに式の日取りを決めたいものです。

本山で「おかみそり」を受ける帰敬式

帰敬式《ききょうしき》は、念仏をよりどころとして信心《しんじん》に生きる決意をあらわす重要な儀式です。

帰敬式は、原則として本山で行なわれます。親鸞聖人が九歳のときに京都の青蓮院《しょうれんいん》で剃《てい》髪《はつ》した得度式にならって、「おかみそり」を受けます。そして仏弟子となった証《あかし》に、男女ともに「釈《しゃく》○○」という法名《ほうみょう》をいただきます。浄土真宗には受戒がないので、戒名《かいみょう》とはいわないのです。

帰敬式の記念品として、念珠、門徒式章（本願寺派）・肩衣《かたぎぬ》（大谷派）などが授与されます。これらは、門徒の自覚を持って、お寺での行事の際には和服であれ洋服であれ、かならず身につけたいものです。

また、各お寺で行なわれている「入門式」があります。これは、転居などによって新たに所属するお寺と縁を結び、門徒としての本分を尽くすことを誓う儀式です。

その後、門徒名簿に名前が記載されて、そのお寺の檀家《だんか》となるわけです。

仏壇の購入や家の新築にも慶讃法要

仏壇を購入してはじめて本尊を迎えたら、所属するお寺の住職に来ていただき、法要をしていただきます。この法要を「入仏式」といいます。また、古い仏壇から新しい仏壇に買い替えて本尊を移すときには「遷座式《せんざしき》」（遷仏式《せんぶつしき》）といいます。

他宗では、こうした法要を「お性根入れ《しょうねいれ》」「お性根抜き」「御霊入れ《おたまいれ》」「御霊抜き」などといいますが、浄土真宗では場所を移す意味で、「移徙《いし》」（おわたまし）ともいいます。

わが家に阿弥陀仏を迎えることができたことを喜び、その恩に気づいて感謝する慶讃法《けいさんほう》要なのです。

このほか、家の新築・改築などにも慶讃法要をつとめます。

家族そろって感謝の念仏長寿の祝い

結婚二五年目の銀婚式、五〇年目の金婚式、また、七〇歳の古稀《こき》、七七歳の喜寿《きじゅ》、八〇歳の傘寿《さんじゅ》、八八歳の米寿《べいじゅ》、九〇歳の卒寿《そつじゅ》、九九歳の白寿《はくじゅ》……、長寿に感謝して家族一同で念仏をとなえられたら素晴らしいことです。

浄土真宗のお寺は聞法の場

浄土真宗のお寺の特徴は、本尊をまつる場所（内陣《ないじん》）よりも、門徒がすわる場所（外陣《げじん》）のほうが広くとってあることです。これは、浄土真宗のお寺が念仏道場からはじまり、あくまで聞法《もんぼう》の場であることを示しています。

聞法とは、お寺にお参りし、仏法（仏教の教え）を聞くことです。その聞法の場を「法座」といいます。浄土真宗のお寺の行事には法座がつきものです。また、定期的に講師を招いて法座を開いているお寺もあります。

お寺の法要は自分のため

お彼岸やお盆、故人の月命日《つきめいにち》（月忌《がっき》）などに、所属のお寺の住職が来て家庭の仏壇の前でおつとめをする風習があります。そのとき家族は、住職の後ろにすわって一緒におつとめをしたいものです。

また、熱心な門徒であっても「お寺の行事など他人事《ひとごと》」という方がいますが、浄土真宗の法要は誰かのための追善供養ではありません。みんなが「自分のためにつとめられる」と思って参加してほしいものです。

布施は僧侶への報酬ではない

お寺の行事に参加するときは布施を持参します。布施には、教えを説く「法施《ほうせ》」、金品を施す「財施《ざいせ》」、畏怖《いふ》を取り去る「無畏施《むいせ》」があります。つまり、阿弥陀仏への報謝の気持ちとして、自分ができることをさせていただくことです。ですから金封の表書きは「御経料」「回向料《えこうりょう》」「御礼」ではなく、「御布施」「懇志《こんし》」などとします。

笑顔も無畏施

近くのお寺と縁を結ぶ

「引っ越してきて浄土真宗のお寺を探しているのだが、なかなか見つからない」という方がよくいます。分家だから必要になったら新しく探せばよいと考えているのでしょう。

しかし、いざ納骨の段になってお寺を探したら、宗派とちがう戒名をいただいていたため断られたというトラブルもよくあります。

郷里に所属のお寺があれば、いま住んでいる場所の近くのお寺を紹介してもらい、自分のために聞法するのがよいでしょう。

第5章

浄土真宗のお葬式

浄土真宗の葬儀は阿弥陀仏への感謝

愛する家族を亡くすことはとてもつらいことです。お釈迦さまは、これを「愛別離苦《あいべつりく》」といって、人生において避けては通れない苦しみのひとつであると教えています。

遺《のこ》された人は、亡き人に対して、こうしてあげればよかった、もっと何かできたのではないかと後悔することもあるでしょう。

しかし、人間は悲しみに涙したとき、はじめて真実が見えてくるものです。

遺された人が嘆《なげ》き悲しんでばかりいれば、亡き人も悲しいはずです。それに気づいて、人生の無常を自覚し、自分の残された人生を悔いなく生きることが亡き人の願いなのです。

浄土真宗では、故人は死と同時に極楽浄土に生まれ、仏さまとなって私たちにはたらきかけてくれていると考えます。

さらに、阿弥陀仏の本願を信じる念仏者は生前すでに浄土往生が決定しているのですから、「倶会一処《くえいっしょ》」――極楽浄土でふたたび故人と会える喜びをもって、おつとめするのが真宗門徒の葬儀です。

したがって浄土真宗で葬儀を行なうということは、遺族が念仏の教えを聞き、よりどころとしていく出発点でもあるわけです。

死はけがれ？葬儀の迷信

葬儀においては、さまざまな迷信や俗信があり、それを仏教の風習だと思っている人も少なくありません。

たとえば、「友引《ともびき》に葬儀を行なわない」「逆さ屏風《びょうぶ》や枕飾り、守り刀を置く」「死装束《しにしょうぞく》をつける」「出棺時に茶わんを割る」「清《きよ》め塩」といったことは、死をけがれとして忌《い》み嫌うことからきています。

この「死はけがれ」という考え方は、仏教以前の日本古来の宗教観に由来するものです。

●浄土真宗にふさわしくない言葉

浄土真宗の教えがよく伝わるように正しい言い方にいいかえる。

×御霊前《これいぜん》	○御仏前《ごぶつぜん》
×魂《たましい》・御霊《みたま》	○故人、亡き人
×草葉《くさば》の陰《かげ》、泉下《せんか》、黄泉《よみ》の国、あの世、天国	○お浄土、御仏《みほとけ》の国
×昇天する、お隠れになる、幽明境《ゆうめいさかい》を異《こと》にする	○浄土に往生する、御仏の国に生まれる
×冥福《めいふく》を祈る	○お悔やみを申し上げる、哀悼の意を表する
×やすらかにお眠りください	○私たちをお導きください

まず、お寺に連絡
そのあとで葬儀社へ

現在は病院で亡くなることがほとんどです。医師から臨終を宣告されたら、近親者と、故人ととくに親しかった人に連絡します。

臨終の際に「末期《まつご》の水」といって、口に水を含ませる風習がありますが、浄土真宗では行ないません。

死亡が告げられると看護師が遺体の処置（清拭《せいしき》）を行ない、霊安室に安置します。

家族は、所属のお寺の住職にすぐに連絡し、枕経、通夜・葬儀のお願いをします。葬儀社にはそのあとで連絡します。

この順番をまちがうと、トラブルになることがあります。所属のお寺が遠い場合でも住職が来てくれる場合もありますし、もしくは近くのお寺を探してくれます。お寺とのつきあいがないときは、年長の親族に宗派を確かめて、本山や別院から近くのお寺を紹介していただきます。

また、葬儀社が決まっていない場合には、病院が出入りの葬儀社を紹介してくれるので、遺体をいったん自宅に運んでもらい、その後、葬儀社を変更することもできます。

通夜・葬儀の日程が決まったら、知らせるべきところに連絡します。

仏間に遺体を安置する

浄土真宗の通夜・葬儀はすべて本尊を中心につとめるので遺体は仏間に安置します。

このとき、できれば頭を北にします。これは「北枕《きたまくら》」といって、お釈迦さまが亡くなるとき、頭を北にし、顔を西に向けて横たわったという故事にちなんでいます。しかし、部屋の構造などにより、北枕にできない場合もありますので、それほど気にしないでかまいません。

遺体の両手を胸の上で組み合わせて念珠《ねんじゅ》を持たせ、薄手の掛け布団をかけます。そして顔を白い布でおおいます。

本尊の前で枕経を行なう

仏壇のない部屋の場合には、床《とこ》の間《ま》などに本尊をかけ、小机に白い布をかけて三具足《みつぐそく》をまつります。浄土真宗では、水や一膳飯《いちぜんめし》（枕《まくら》飯《めし》）、枕団子《まくらだんご》などの「枕飾り」は行ないません。また、逆さ屏風《びょうぶ》や、布団の上に衣服を逆さにしてかぶせたり、守り刀も置きません。

仏壇のお飾りは、白色か銀色の打敷《うちしき》をかけ、花瓶《かひん》も樒《しきみ》か青木のものに替えます。

●遺体の安置

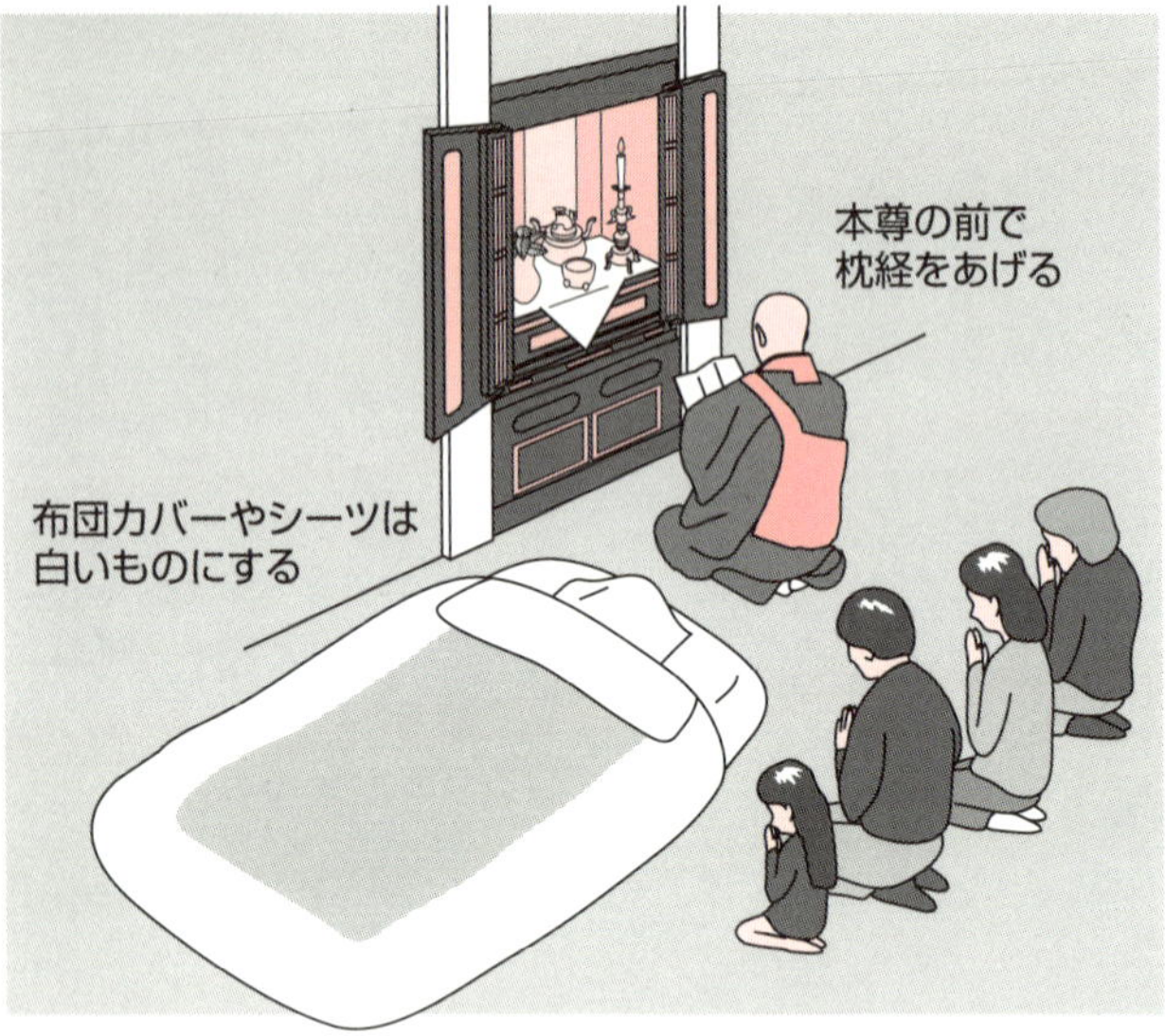
本尊の前で
枕経をあげる
布団カバーやシーツは
白いものにする

荘厳《しょうごん》が調ったら、灯明《とうみょう》をつけて香をたき、僧侶に枕経をしていただきます。

枕経というのは本来、故人の息があるうちに本尊に対して長年の感謝のおつとめを行なうもので、「臨終勤行《ごんぎょう》」ともいいます。

遺族は地味な服装で僧侶の後ろにすわり、故人と一緒にお経をあげているつもりでおつとめします。

故人が生前に法名《ほうみょう》（85頁参照）をいただいていない場合は、枕経のあとで僧侶にお願いします。

なお、僧侶への謝礼は葬儀がひととおり済んでから行ないますが、枕経に来ていただいた「御車代」はその場で渡します。

浄土真宗では死装束をつけない

最近では、枕経を通夜と一緒に行なうこともあります。また、納棺前に湯灌《ゆかん》を行ない、死化粧《しにげしょう》をすることもあります。

湯灌とは、遺体を湯で拭《ふ》いて清めることです。そして、新しい浴衣《ゆかた》か、故人が生前愛用していたものを着せて、男性なら髭《ひげ》をそり、女性なら薄化粧をします。

浄土真宗では、経帷子《きょうかたびら》に手甲《てっこう》、脚絆《きゃはん》、わらじといった「死装束《しにしょうぞく》」はつけません。死装束は「死者は四十九日《しじゅうくにち》の冥土《めいど》の旅に出て、行き先が決まる」という冥界《めいかい》思想によるものです。

前述したように、浄土真宗では、阿弥陀仏の本願を信じる念仏者はすでに浄土往生が決まっているので、冥土の旅に出ることもなく、死装束も必要ないからです。

四十九日の冥土の旅には出ない

納棺尊号を棺に入れる

納棺は、近親者と、故人ととくに親しかった人たちで行ないます。そして「納棺尊号《のうかんそんごう》」を棺《ひつぎ》の中に入れるか、蓋《ふた》の裏に貼ります。

●納棺尊号

これは、六字名号《みょうごう》の「南無阿弥陀仏」または十字名号の「帰命尽十方無碍光如来《きみょうじんじっぽうむげこうにょらい》」と、故人の法名《ほうみょう》が書かれたものです。「棺書《かんじょ》」「棺《かん》文《もん》」ともいいます。

出棺の際に合掌して念仏をとなえますが、極楽浄土に往生し、阿弥陀仏と同じ仏さまになっている故人に対して合掌していることを明確にするために納棺尊号を入れるのです。

納棺尊号は、納棺まで、安置した遺体の上に置かれることもあります。なお、法名をまだいただいていないときは葬儀後の出棺までに書いていただき、棺に入れます。

納棺勤行、そして棺を自宅から葬儀場へ運ぶ際に出棺勤行がつとめられます。

●葬儀壇の荘厳例

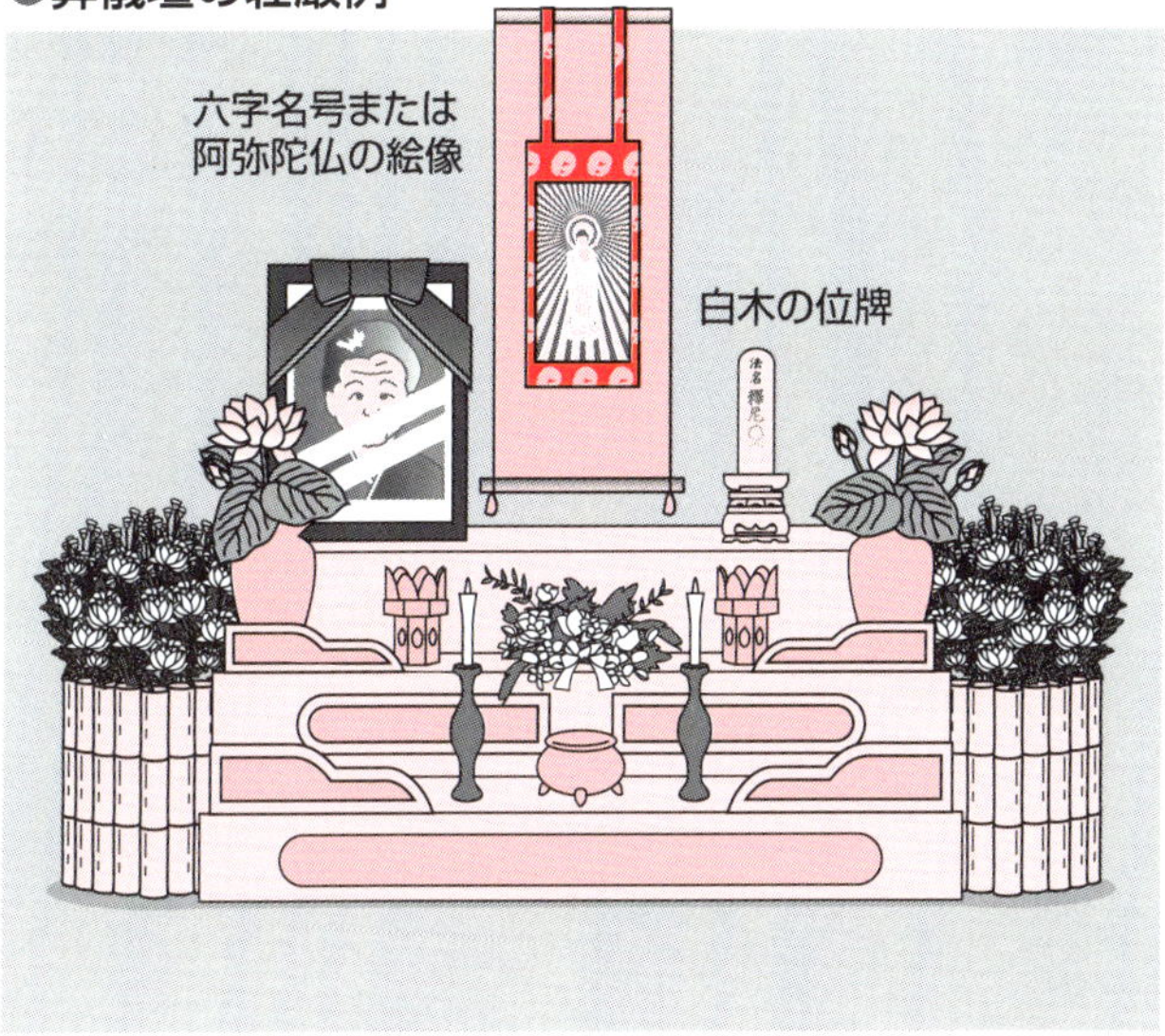

葬儀壇を準備する

最近では、通夜・葬儀を葬儀場で行なうケースが増えています。

葬儀場に棺を搬送し、葬儀壇を組みます。

浄土真宗では「祭壇」とはいいません。

葬儀壇の正面に本尊をまつり、白木《しらき》の位牌《いはい》と遺影《いえい》は本尊が隠れないように置きます。

葬儀社に頼めば、葬儀壇などすべて用意してくれますが、浄土真宗の作法とちがう場合もあるので、僧侶に見てもらい、ちがっているところは正します。

いまは半通夜が主流

「遺族や親族、故人と縁のあった人たちが集まって葬儀まで静かに遺体に付き添う」というのが、通夜の本来の意味です。

灯明や線香を絶やさないように寝ずの番をする「夜とぎ」の風習が残っている地域もありますが、最近では夜六時ごろから二、三時間で終わる「半通夜」が主流になっています。

それは、葬儀に参列できない人が通夜に参列するようになったことと、遺族も翌日の葬儀にそなえて休むようになったためです。

法名は仏弟子の証

故人が生前に法名《ほうみょう》をいただいていない場合には、通夜に帰敬式《ききょうしき》（85頁参照）が行なわれ、法名が与えられます。法名というのは仏弟子となった証《あかし》で、在家出家を問わず、かつては男性は「釈《しゃく》〇〇」、女性は「釈尼《しゃくに》〇〇」でしたが、いまは男女平等に「釈〇〇」となってきています。

なお、永代経懇志《えいたいきょうこんし》（82頁参照）を納めるなど、宗門やお寺のために尽くした篤信《とくしん》の門徒には、法名の上に院号がつけられます。

●通夜の進行例

① 弔問客の受付	式の30分前から受付をはじめる
② 導師（僧侶）をお迎えに行く	葬儀壇の荘厳を確認していただき、控室に案内する。帰りもお送りする
③ 参列者一同着席	喪主や遺族、親族は、弔問客よりも先に着席しておく
④ 導師（僧侶）入場	一同、黙礼で導師を迎える
⑤ 帰敬式（おかみそり）	生前に法名の授与が済んでいない場合に導師によって行なわれる
⑥ 読経・焼香	読経のときは、導師に合わせてできるだけ唱和する。導師（僧侶）の焼香ののち、喪主、遺族、親族、弔問客の順に焼香を行なう
⑦ 法話	御文章（御文）拝読後、法話が行なわれる。省略されることもある
⑧ 導師（僧侶）退場	一同、黙礼で導師を見送る
⑨ 喪主のあいさつ	喪主に代わって、親族の代表があいさつすることもある
⑩ 通夜ぶるまい	導師が辞退されたときは、折詰をお寺に持参するか、「御膳料」を包む。弔問客は長居をせずに係から会葬御礼を受け取って帰る

導師が浄土へ導くのではない

葬儀社の方が司会進行する場合に「お導師さまより引導《いんどう》を渡していただきます」といった決まり文句をよく耳にすることがありますが、浄土真宗にはふさわしくない言葉です。

他宗では、死者を成仏させるため、導師が願文《がんもん》を与えたり、喝《かつ》を入れたりする「引導」の儀式が葬儀の中心となりますが、浄土真宗の帰敬式はそういうものではありません。仏弟子の証としての儀式です。

浄土真宗でいう「導師」とは、あくまで式を執り行なううえでの指導的な立場の人という意味です。

なぜなら、僧侶も凡夫《ぼんぶ》であり、私たち凡夫を浄土に引き導くことができるのは、阿弥陀仏だけだからです。

読経中は静かに仏法に耳を傾ける

通夜の読経は、故人の本尊に対しての最後のおつとめになります。

真宗門徒は経本を持参し、となえられるのが『正信偈《しょうしんげ》』や『仏説阿弥陀経《ぶっせつあみだきょう》』であれば、導師（僧侶）とともに唱和します。

●焼香の作法

①念珠を左手に持って進み、遺族は弔問席に（弔問客は遺族席に）一礼したのち、本尊に一礼する

▼

②香を右手でつまみ、そのまま香炉に入れる。このとき、額におしいただくことはしない（本願寺派は1回、大谷派は2回行なう）

▼

③念珠を両手にかけて本尊に合掌礼拝したのち、念珠を左手に持って、遺族は弔問席に（弔問客は遺族席に）一礼し、自分の席にもどる

＊式場がせまいときは「回し焼香」といって、香炉を順に送って自分の席で焼香する

導師の焼香につづいて、喪主、遺族、親族、弔問客の焼香となります。

そのあいだ、導師の読経がつづいていますが、しばしば、焼香を終えた遺族の方たちが入口の近くに行って、弔問客一人ひとりに頭を下げている姿が見受けられます。

通夜は弔問客とあいさつを交わす場ではありません。これは葬儀においてもいえることです。弔問客が多い場合には焼香が済んだ方から退席するよう指示される場合もありますが、ふつうは読経や焼香がつづいているあいだに退席するのは大変失礼なことです。

参列者は焼香を終えたら静かに席にもどり、仏法に耳を傾けてもらいたいものです。

告別式は宗教儀礼ではない

一般に、故人との最後のお別れの儀式を「葬儀告別式」と呼んでいますが、葬儀と告別式は意味がちがうものです。

葬儀は近親者による宗教儀礼です。いっぽう告別式は、友人や知人、会社関係など社会的な必要ではじまったもので、葬儀のなかに取り入れられて行なわれてきました。

最近では、葬儀は近親者だけで行ない、後日に一般の方を招いて宗教色抜きの「お別れの会」を開くというやり方も増えています。

葬儀告別式を浄土真宗で行なうならば、亡き人を縁として参列者それぞれが仏法に出合う場となるよう、厳粛に執り行ないたいものです。

最後の対面をし、出棺する

近親者と、故人ととくに親しかった人たちは故人と最後の対面をします。

棺《ひつぎ》を葬儀壇から下ろして蓋《ふた》を開け、各自が生花（花の部分だけ）で遺体の周囲を飾ってお別れをします。このとき、合掌して念仏をとなえます。そして棺を霊柩車《れいきゅうしゃ》に運びます。

●葬儀告別式の進行例

①会葬者の受付	式の30分前から受付をはじめる
②導師（僧侶）をお迎えに行く	通夜同様、控室に案内する。帰りもお送りする
③参列者一同着席	喪主、遺族、親族は、一般の会葬者よりも先に着席しておく
④導師（僧侶）入場	椅子席の場合は起立して、座敷の場合は正座で軽く頭を下げて導師を迎える
⑤開式の辞	葬儀社の担当者が司会をつとめることが多い
⑥読経・焼香	読経のときは、導師に合わせてできるだけ唱和する。導師（僧侶）の焼香ののち、喪主、遺族、親族、一般会葬者の順に焼香を行なう
⑦弔辞拝受・弔電代読	読み終えた弔辞や弔電は葬儀壇にそなえる
⑧導師（僧侶）退場	椅子席の場合は起立して、座敷の場合は正座で軽く頭を下げて導師を見送る
⑨閉式の辞	
⑩最後の対面	近親者と、故人ととくに親しかった人たちが故人と最後のお別れをする
⑪出棺・喪主のあいさつ	喪主に代わって、親族の代表があいさつすることもある。一般の会葬者は合掌して出棺を見送り、係から会葬御礼を受け取って帰る

出棺時に、玄関から出ないとか、故人が生前使っていた茶わんを割るとか、棺をまわしたり、火葬場を往復する際に往路と復路を変えるといったことは、浄土真宗ではいっさい行ないません。霊がもどってこられないようにと願って行なう、こうした行為は迷信です。

　出棺を見送る一般の会葬者の前で、喪主または親族の代表者が会葬御礼のあいさつをし、葬儀告別式を終了します。

浄土真宗の香典は「御仏前」とする

　他宗では、四十九日の満中陰《まんちゅういん》（112頁参照）までは「御霊前《ごれいぜん》」としますが、浄土真宗では亡くなると同時に極楽浄土に生まれ、仏さまになるという教えなので「御仏前《ごぶつぜん》」とします。

　香典《こうでん》とは本来、「香をそなえる」ことですから「御香資《ごこうし》」「御供《おそなえ（ごく）》」でもかまいません。それが次第に香を買う代金として、お金を包むようになりました。

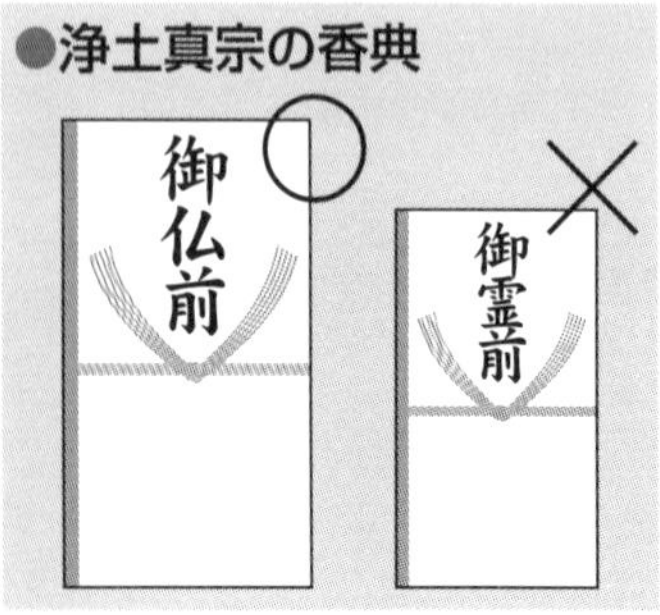

　通夜と葬儀告別式の両方に参列する場合、香典は通夜に持参するとよいでしょう。

火屋勤行と収骨(拾骨)勤行

火葬場へ向かうとき、遺影と白木の位牌を持っていきます。

火葬場に着くと、棺《ひつぎ》が火屋《ひや》（火葬炉）の前に安置されます。小さな台の上には燭台《しょくだい》と香炉《こうろ》が用意されているので、遺影と白木の位牌を置きます。

故人と、本当の意味での最後の対面をして、火屋へ棺を納めます。このとき、僧侶が同行している場合は、火屋勤行をあげていただき、全員で焼香します。

火屋に点火されたら一同合掌して、控室に下がります。火葬時間は施設によってちがいますが、だいたい一時間前後です。そのあいだ、茶菓や飲み物をとりながら待ちます。

遺骨を拾って骨壷《こつつぼ》に収めることを「拾骨」または「収骨」といいます。拾骨の連絡を受けたら、火屋の前に行きます。

火葬場の係員の指示にしたがって、全員で順番に箸《はし》でお骨《こつ》を拾い、骨壷に収めます。本山に納骨する場合は、分骨用の骨箱《こつばこ》を用意しておきます。

最後に、火葬場の係員が骨壷を白木の箱に入れて白布で包んでくれますので、僧侶に収骨（拾骨）勤行をあげていただきます。

中陰壇と還骨勤行

火葬のあいだに自宅に遺骨を迎える準備をするため、親族のなかから留守番の人を残しておきます。

留守番の人は、四十九日の満中陰までまつる中陰壇《ちゅういんだん》を仏壇の横に用意します。部屋がせまいときは仏壇の前でもかまいませんが、仏壇がない部屋では本尊をまつります。

還骨勤行《かんこつごんぎょう》は仏壇の前で行なわれ、遺族らは僧侶の後ろにすわって焼香します。最後に『白骨《はっこつ》の御文章《ごぶんしょう》』（135頁参照）が拝読されます。

最近では、つづけて初七日《しょなぬか》法要をすることも多くなっています。これを「繰り上げ初七日」といいます。

●お斎での席次の例

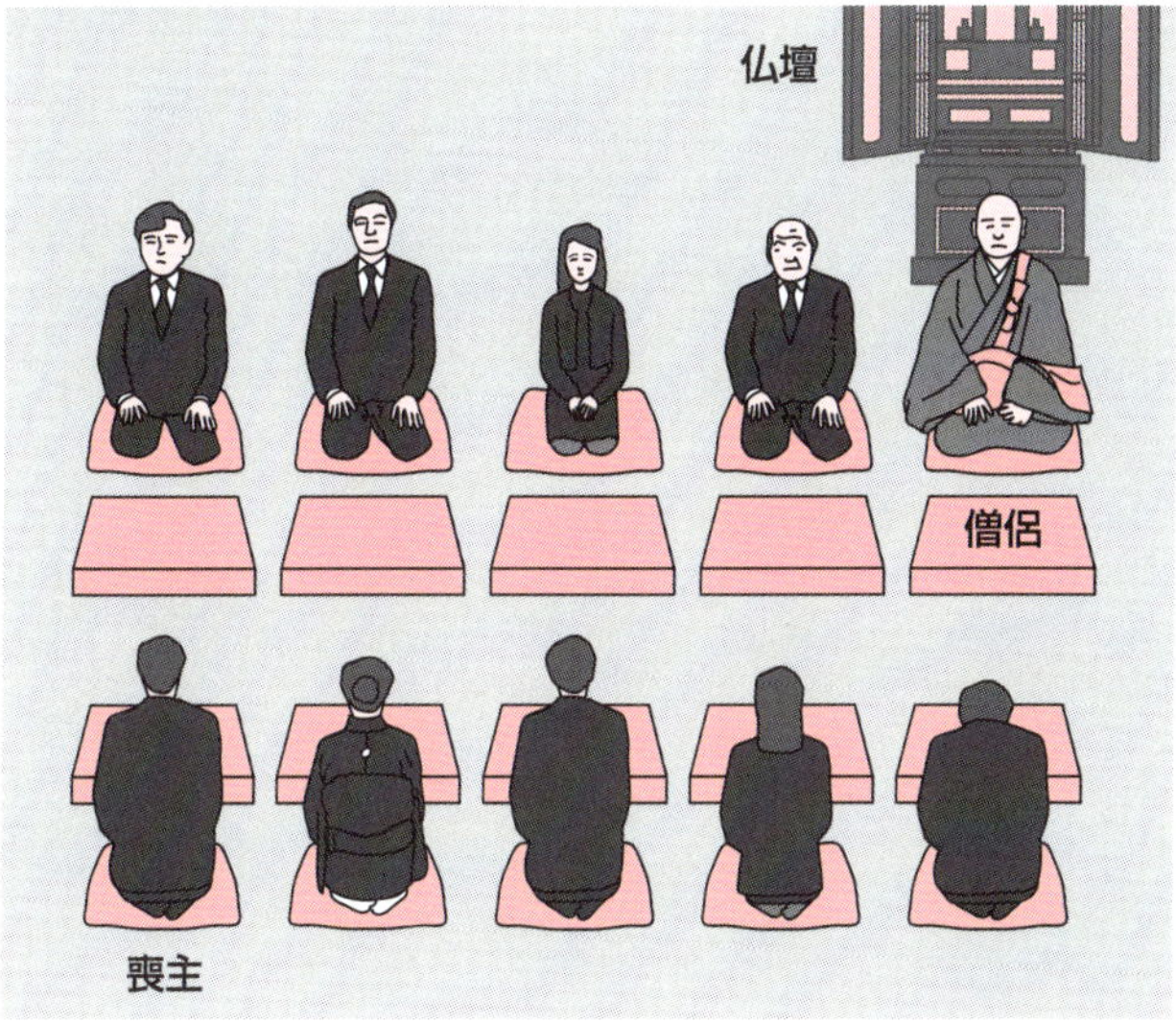

最後にお斎の接待

還骨勤行が終わったら、僧侶をはじめ、残っていただいた会葬者に感謝の気持ちを込めて酒食の接待をします。これを「お斎《とき》」といいます。一般には「精進落《しょうじん》とし」と呼ばれていますが、浄土真宗ではいいません。

席順は、僧侶を最上席とし、世話役や友人がつづき、親族、遺族、喪主は末席にすわります。喪主は末席から葬儀が無事終了したお礼のあいさつをします。そして遺族は各席をまわってもてなします。

お葬式のお礼は「御布施」と書く

枕経、通夜・葬儀から還骨まで導師をつとめていただいた住職や僧侶へのお礼は、あらためて葬儀の翌日に喪主と親族の代表がお寺に出向きます。ただし、「御車代」や「御膳料」は当日その場でお渡しします。

最近では、謝礼も葬儀の当日に差し上げることが多いようですが、これは略式なので「本来ならば、お礼にうかがうべきところですが、お託《ことづ》けしてまことに失礼いたします」と一言添えましょう。

僧侶への謝礼に「読経料」「法名料」と書くのはまちがいです。正式には奉書包《ほうしょづつみ》に「御布施」と表書きします。半紙で中包みして白い封筒に入れるか、不祝儀袋でもかまいませんが、水引《みずひき》はかけません。そして、小さなお盆などにのせて差し出します。このほうが、直接手渡すよりもていねいです。

謝礼の金額は、お寺で規定を設けている場合にはそれにしたがいます。「志でけっこうです」といわれ、見当がつかないときは、門徒総代や町内会の世話役などに相談して決めます。

また、世話役やお手伝いの方々、そして近所にもあいさつにまわります。

第6章

浄土真宗の法事

❶中陰法要
❷年回（年忌）法要
❸法事の営み方

法事は人生の無常を知るよい機会

大切な人を亡くした遺族の悲しみやつらさは、死の直後だけではなく、ときには数年もつづくことがあります。

仏教では、四十九日《しじゅうくにち》や一周忌、三回忌などに法事（正式には法要という）を行ないます。これは遺族の悲しみを段階的にやわらげていくグリーフワークともいえます。

グリーフワークというのは、大切な人を亡くした深い悲しみをさまざまなかたちで表にあらわすことで、その事実を受け入れていく心の作業のことです。

喪失感や悲嘆を乗り越えるプロセスは人によって千差万別です。もしグリーフワークが正しく行なわれなければ、悲しみを無理に抑制することで心身症に陥る危険もあります。あるいは生きる力を失ってしまう場合さえあります。

遺族は誰もがこの喪失体験を乗り越えなければなりません。法事は人生が無常であることに気づかせてくれ、亡き人をよい思い出に変えてくれます。また、自分自身の人生の意義を自覚する、よい機会です。

ですから私たちは法事をないがしろにせずに、縁者そろっておつとめしたいものです。

七日ごとに行なう中陰法要

亡くなった日を含む四九日間を「中陰《ちゅういん》」といい、七日ごとに七回の法要を行ないます。

中陰は「中有《ちゅうう》」ともいい、死者は四九日目に死後の行き場所が決まるという、古代インドの思想を背景としたものです。ここから「四十九日の冥土《めいど》の旅」がいわれるようになり、他宗では故人が無事に成仏してくれることを祈る追善供養の意味で行なわれています。

しかし、お釈迦さまは死後のことは誰にもわからないといっています。したがって浄土真宗では、遺族の心が整理されてくるのを待つ期間であると考えます。中陰法要を縁として、迷っているのは自分であり、故人は真実に導いてくれる仏さまになったのだと気づくことに意義があります。

●中陰の忌日

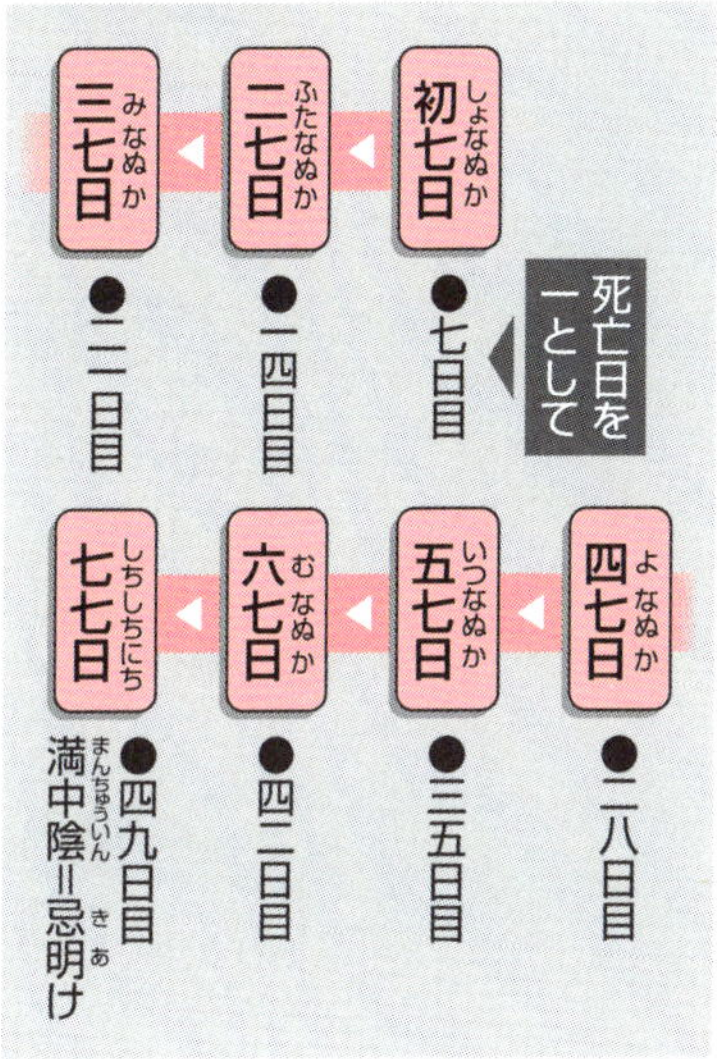

中陰壇はおつとめの場所ではない

中陰期間には白木《しらき》の位牌《いはい》と遺骨をまつった中陰壇（106頁参照）が設けられていますが、中陰法要は仏壇の前で営みます。

よく中陰壇の前でおつとめをされる方がいますが、そうではありません。故人はすでに極楽浄土に往生しているのです。どんなときでも仏壇の前で阿弥陀仏を仰ぐのが真宗門徒なのです。

中陰法要はほとんどの場合、自宅に住職を迎えて家族だけで行なわれますが、満中陰《まんちゅういん》（四十九日）には、親族や、故人ととくに親しかった友人などを招いて満中陰法要を営みます。

これで忌明けとなりますので、中陰壇は片付け、仏壇も平常の荘厳《しょうごん》にもどします。

白木の位牌は焼却し、法名軸《ほうみょうじく》（54・55頁参照）を仏壇の内側側面にかけます。遺影は仏壇の真上を避けて、壁にかけます。遺骨は納骨するまで小机に置きます。

そして、死亡日を一として一〇〇日目の百カ日は「卒哭忌《そっこくき》」ともいわれ、悲しみで泣き明かしていた遺族も少しは気持ちが落着くことを意味しています。百カ日法要も家族だけで行なうことが多いようです。

「中陰が三月にわたるとよくない」は迷信

「四十九《しじゅうく》（始終苦）が三月《みつき》（身に付く）」という語呂合わせから、満中陰を五七日《いつなぬか》（三五日目）で切り上げてしまう風習がありますが、浄土真宗では気にしません。

また、中陰後にはじめて迎えるお盆のことを一般に「初盆《はつぼん》」や「新盆《にいぼん》」と呼びますが、浄土真宗では中陰中であってもなくても、お盆に故人のために特別な法要をするということはありません。ふだんのお盆と同様に、先祖の恩に感謝しておつとめします。

浄土真宗では喪中欠礼も不要

身内に不幸があった場合、遺族は一般に一周忌までの期間を「喪中《もちゅう》」として、喪に服します。これも「死をけがれ」とする仏教以前の日本古来の宗教観に由来するものです

喪中にお正月を迎えた場合、悲しみが深くて新年を祝う気になれないならば、年賀状、正月飾り、年始まわり、初詣《はつもうで》などの正月行事を控えてもよいし、仕事上どうしても年賀状を出したり、新年のあいさつにまわらなければならないならば、行なえばよいのです。

祥月命日・月命日にはおつとめを

一般に「法事」と呼んでいるのは、年回（年忌）法要のことです。

死亡した日と同月同日の「祥月命日《しょうつきめいにち》」に合わせて年回法要を営みます。

年回法要は、亡くなって一年目が一周忌、それ以降は二年目が三回忌（亡くなった年を一と数えるため）、六年目が七回忌となります。その後は十三回忌、十七回忌、二十五回忌、三十三回忌、五十回忌となります。そして五〇年ごとになりますが、一般には五十回忌で弔い上げとします。

なお地域によっては、二十五回忌は行なわずに二十三回忌と二十七回忌を行なったり、さらに三十七回忌を行なう場合もあります。

また、月ごとの命日を「月命日《つきめいにち》」または「月忌《がっき》」といいます。とくに亡くなった翌月の命日は「初月忌《はつがっき》」と呼ばれます。

地域によっては、年回法要以外の年の祥月命日や月命日にも住職を迎えて自宅の仏壇の前でおつとめをする風習があるようです。そのときは、家族そろって住職の後ろにすわっておつとめします。

できれば、こうした日には家族そろって朝夕のおつとめをしたいものです。

●年回（年忌）法要早見表

死亡年＼法要	一周忌	三回忌	七回忌	十三回忌	十七回忌	二十五回忌	三十三回忌
1999（平成11）年	2000	2001	2005	2011	2015	2023	2031
2000（平成12）年	2001	2002	2006	2012	2016	2024	2032
2001（平成13）年	2002	2003	2007	2013	2017	2025	2033
2002（平成14）年	2003	2004	2008	2014	2018	2026	2034
2003（平成15）年	2004	2005	2009	2015	2019	2027	2035
2004（平成16）年	2005	2006	2010	2016	2020	2028	2036
2005（平成17）年	2006	2007	2011	2017	2021	2029	2037
2006（平成18）年	2007	2008	2012	2018	2022	2030	2038
2007（平成19）年	2008	2009	2013	2019	2023	2031	2039
2008（平成20）年	2009	2010	2014	2020	2024	2032	2040
2009（平成21）年	2010	2011	2015	2021	2025	2033	2041
2010（平成22）年	2011	2012	2016	2022	2026	2034	2042
2011（平成23）年	2012	2013	2017	2023	2027	2035	2043
2012（平成24）年	2013	2014	2018	2024	2028	2036	2044
2013（平成25）年	2014	2015	2019	2025	2029	2037	2045
2014（平成26）年	2015	2016	2020	2026	2030	2038	2046
2015（平成27）年	2016	2017	2021	2027	2031	2039	2047
2016（平成28）年	2017	2018	2022	2028	2032	2040	2048
2017（平成29）年	2018	2019	2023	2029	2033	2041	2049
2018（平成30）年	2019	2020	2024	2030	2034	2042	2050
2019（令和元）年	2020	2021	2025	2031	2035	2043	2051
2020（令和2）年	2021	2022	2026	2032	2036	2044	2052
2021（令和3）年	2022	2023	2027	2033	2037	2045	2053
2022（令和4）年	2023	2024	2028	2034	2038	2046	2054
2023（令和5）年	2024	2025	2029	2035	2039	2047	2055
2024（令和6）年	2025	2026	2030	2036	2040	2048	2056
2025（令和7）年	2026	2027	2031	2037	2041	2049	2057
2026（令和8）年	2027	2028	2032	2038	2042	2050	2058
2027（令和9）年	2028	2029	2033	2039	2043	2051	2059
2028（令和10）年	2029	2030	2034	2040	2044	2052	2060
2029（令和11）年	2030	2031	2035	2041	2045	2053	2061
2030（令和12）年	2031	2032	2036	2042	2046	2054	2062
2031（令和13）年	2032	2033	2037	2043	2047	2055	2063
2032（令和14）年	2033	2034	2038	2044	2048	2056	2064
2033（令和15）年	2034	2035	2039	2045	2049	2057	2065
2034（令和16）年	2035	2036	2040	2046	2050	2058	2066
2035（令和17）年	2036	2037	2041	2047	2051	2059	2067
2036（令和18）年	2037	2038	2042	2048	2052	2060	2068
2037（令和19）年	2038	2039	2043	2049	2053	2061	2069
2038（令和20）年	2039	2040	2044	2050	2054	2062	2070
2039（令和21）年	2040	2041	2045	2051	2055	2063	2071

併修は、やむをえず行なうもの

一般的に、一周忌と三回忌は親族や故人の友人を招いて盛大に営まれます。それ以降の年回法要は家族だけで行なうことが多いようです。

年回法要は故人一人ずつについて行ないたいものですが、一年経つか経たないうちに年回法要の忌日がつづくことがあります。

たとえば、父親の十三回忌と祖父の二十五回忌が同じ年になったという場合です。このときは法要を合わせて行なうことがあり、これを「併修《へいしゅう》」といいます。

ただし、併修をできるといっても、故人が夫婦や親子であるという近い関係で、しかも七回忌を過ぎていることが条件になります。また、中陰法要と年回法要を併修することはしません。併修をする場合は、所属のお寺の住職にあらかじめ相談しましょう。

法要の日取りは、早いほうの祥月命日に合わせることが多いようです。それは、仏事をないがしろにしないように、という戒めからいわれてきたことです。

また、併修を行なってもそれぞれの祥月命日には、住職を迎えてお経をあげていただきたいものです。

法事の青写真を描き、所属のお寺に相談

法事（年回法要）を行なうときにもっとも重要なのは日取りと場所です。僧侶や招待客の都合もありますので、できれば半年前、遅くとも三カ月前には準備をはじめましょう。

祥月命日に行なうのがいちばんですが、招待客の都合を考えて週末に法要を行なうことが多くなりました。日にちをずらす場合は祥月命日より遅らせないようにするともいわれますが、それにこだわる必要はありません。できるだけ命日から離れない日を選びます。

そして、門徒の多いお寺では法事が休日に集中するので、まず所属のお寺に希望する日時の連絡をします。

場所は、自宅かお寺、あるいは斎場が考えられます。招待客の人数やお寺の事情、地域の風習などによって異なります。また、当日お墓参りを行なうか、お斎《とき》をどのようにするかなど、全体の青写真を描いてみます。

日時や場所などが正式決定したら、招待客へ案内状を出します。

お斎の料理、引き出物などの準備がありますから早めに送付します。また、返信用のハガキを同封するなどして出欠の確認をとれるようにするとよいでしょう。

ふだんより豪華な仏壇の荘厳にする

法事のときには、仏壇の荘厳《しょうごん》をふだんより豪華にします（54・55頁参照）。

平常は三具足《みつぐそく》のところを、できれば五具足《ごぐそく》にします。なお本願寺派では、ろうそくは三回忌までは白色、七回忌以降は朱ろうそくにし、花瓶《かひん》に立てる花も三回忌まではなるべく赤色のものは避けます。打敷《うちしき》の色も同様です。しかし、大谷派では一周忌から朱ろうそく、金襴《きんらん》の打敷を用い、花の色も四季折々に色美しくお飾りするようです。

このほか、供笥《くげ》に餅《もち》や菓子、果物《くだもの》などを盛ってそなえ、参会者からいただいた供物《くもつ》などは仏壇の脇に台を設けて置くようにするとよいでしょう。

過去帳があれば故人の法名《ほうみょう》が記されている頁を開けて、仏壇の下段に置きます。

不明な点は住職にたずねます。

参会者のために焼香の準備をする

自宅で法事を行なう場合には回し焼香にすることが多いようです。

お盆の上に、左に火だねを入れた香炉《こうろ》、右

●法事の進行例

1. **僧侶の出迎え**……施主が控えの部屋に案内する ▼
2. **参会者着座**……施主、血縁の深い順にすわる ▼
3. **施主の開式のあいさつ** ▼
4. **僧侶（導師）着座** ▼
5. **読　経**……導師に合わせて唱和する ▼
6. **焼　香**……施主、血縁の深い順に焼香する ▼
7. **法　話** ▼
8. **施主の閉式のあいさつ**…その後の予定を説明する ▼
9. **お墓参り** ▼
10. **お斎**…施主は下座からあいさつする。引き出物を渡す ▼

に抹香《まっこう》を入れた香盒《こうごう》を置いて準備します。

焼香はふつう、金香炉《かなこうろ》で行ないますが、大勢の人が行なうときは小さすぎるので、土香炉《どこうろ》を使うとよいでしょう。焼香の作法は葬儀のときと同様です（101頁参照）。

●回し焼香の準備

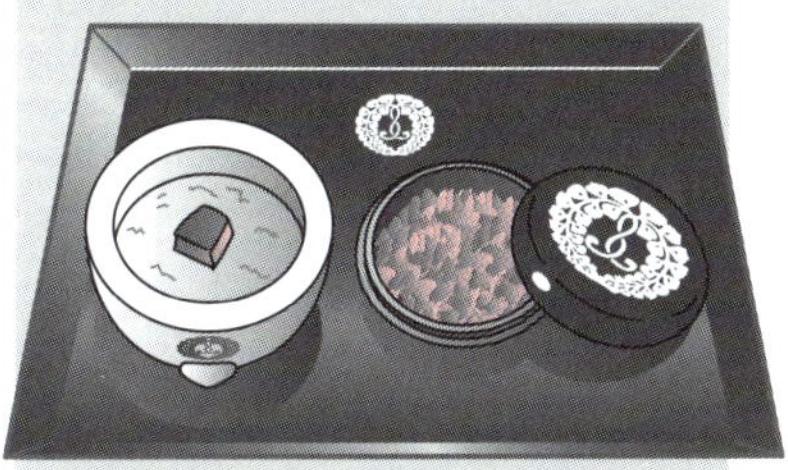

お盆の左に火だねを入れた香炉、
右に抹香を入れた香盒を置く

法事に招かれたらまず本尊に合掌礼拝

法事に招かれた方は念珠《ねんじゅ》を持参し、到着したらまず仏壇に手を合わせます。法事は日ごろ疎遠になりがちな親族が顔を合わせるよい機会ですが、仏事のために参集したことを忘れてはいけません。

香をたいて本尊に合掌礼拝《らいはい》し、持参した供物料《くもつりょう》を仏壇にそなえます。このとき、リンを鳴らすのはまちがいです。リンは読経のときだけに鳴らすものと心得ておきたいものです。供物料の表書きは「御仏前《ごぶつぜん》」とします。

引き出物と僧侶への謝礼

施主にとって、お斎の料理や引き出物はとても気をつかうものですが、そればかりに気をとられないようにしたいものです。

引き出物の表書きは「粗供養《そくよう》」あるいは「志」とし、お斎の終了間際に参会者に渡します。そして、末席からあいさつします。

僧侶への謝礼は「御布施」とし、お見送りする際に「御車代」とともに渡します。また、僧侶がお斎に列席されないときには折詰を差し上げるか、「御膳料」を包みます。

第7章

浄土真宗のお墓

❶お墓とは
❷納骨
❸お墓参りの心得

お墓は故人の霊が眠る場所ではない

お墓は遺体や遺骨を埋葬した目じるしとして大切にされてきました。亡くなったら、すぐに阿弥陀仏の極楽浄土に生まれ、仏さまになると考える浄土真宗でも同じです。

しかし、お墓に故人や先祖の霊が眠っているわけではありません。お墓で手を合わせるのは、遺骨に対してではなく、故人や先祖を縁として阿弥陀仏に手を合わせているのです。

つまり、故人や先祖のおかげで、私たちがいまあることに感謝する意味があります。

墓地を買うときは宗派を確認

墓地を購入するというのは、土地を買うことではなく、墓地の永代使用権料をまとめて支払うことです。

さて、墓地を購入する際に気をつけたいことがあります。それは宗派についてです。

墓地は、運営母体によって、寺院墓地、公営墓地、民間墓地に分かれます。

都道府県、市町村などの自治体が運営している公営墓地や、郊外に大規模な霊園をつくって運営している民間墓地では、宗派を問わないところがほとんどです。

しかし、寺院墓地を求める場合には、そのお寺の檀家《だんか》になることが条件になります。当然、仏事はすべてそのお寺の宗派の作法で行なわれることになります。あとでトラブルになることのないようかならず宗派を確認し、納得して契約するべきです。

墓相は迷信 真宗らしいお墓を

よく「墓相《ぼそう》」と称して、お墓の形や向きなどで吉凶を占い、タタリがあるなどという人がいますが、なんの根拠もないことです。


そのような迷信や俗信にこだわるよりも、真宗門徒らしいお墓にしたいものです。

現在もっとも多いのは、一家で一つのお墓を代々受け継いでいく家墓《いえばか》（家族墓）です。

浄土真宗では、墓石の正面に「南無阿弥陀仏」の六字名号《みょうごう》、または「倶会一処《くえいっしょ》」（ともに浄土に会する）という『仏説阿弥陀経《ぶっせつあみだきょう》』の経文《きょうもん》を刻みます。家名や家紋を入れるならば、台石や左右の花立てに刻むようにします。

そして、法名《ほうみょう》や死亡年月日などは墓石の側面などに刻みますが、埋葬者が多くなると刻みきれないので別に法名碑《ほうみょうひ》を建てます。

浄土真宗では、建立者の名前を生前だからといって朱色にしたり、建立日を「吉日」としたりはしません。また、梵《ぼん》字《じ》を刻んだり、五輪塔や地蔵菩薩像を建てたりもしません。

●浄土真宗のお墓

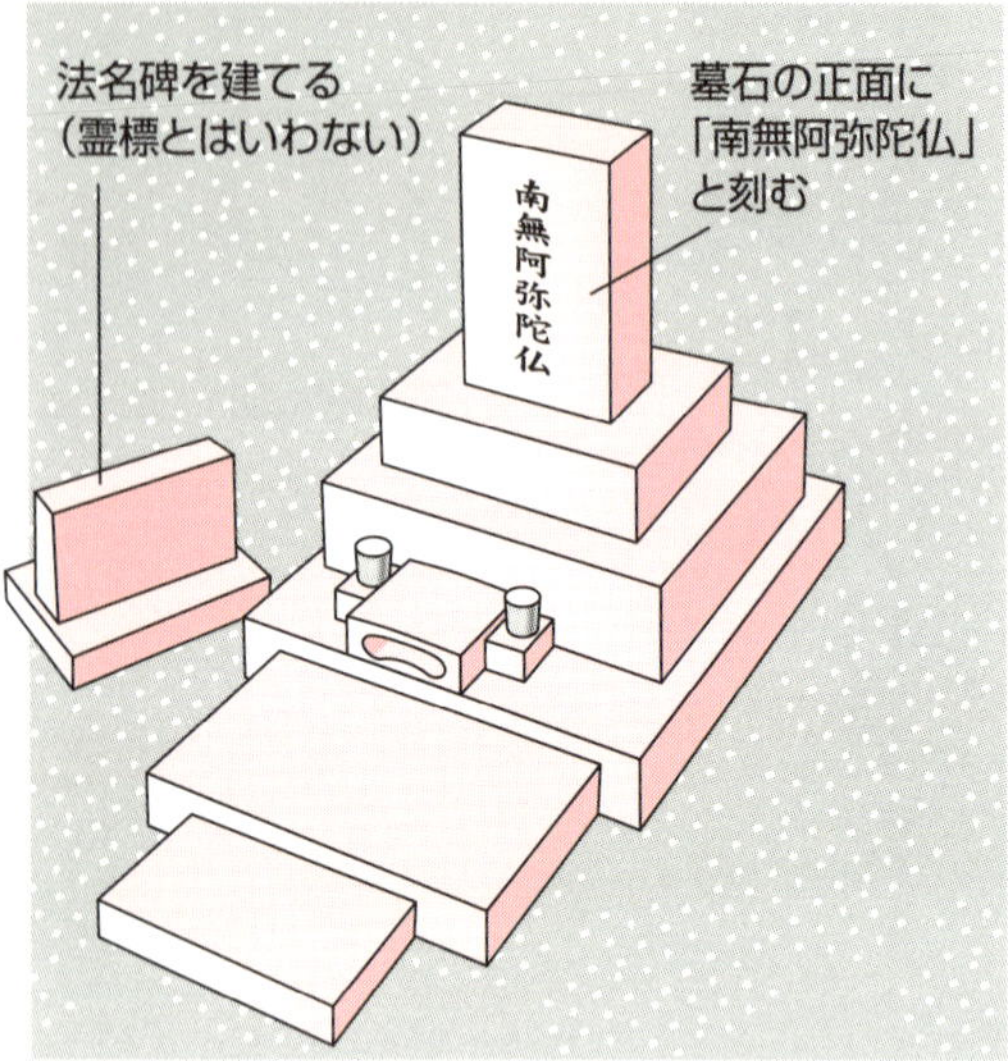
法名碑を建てる
（霊標とはいわない）
墓石の正面に
「南無阿弥陀仏」
と刻む
南無阿弥陀仏

お墓を建てたら建碑式を行なう

お墓が完成したら、住職に来ていただいて建碑式を行ないますが、納骨や年回法要（法事）に合わせて営むことが多いようです。

墓石の正面に刻まれた文字が六字名号以外の場合には本尊を持参します。墓前に台を置いて白布をかけて三具足《みつぐそく》を配置し、供物《くもつ》をそなえます。準備ができたら、住職に読経していただき、参会者全員が順番に焼香します。

また、墓地を移すことを「改葬」といいますが、そのときにも法要を行ないます。

納骨の時期はさまざま

遺骨をお墓に納めることを「納骨」といいます。納骨の時期は、家庭の事情や土地の風習などによってさまざまです。

すでにお墓があれば、四十九日《しじゅうくにち》の満中陰《まんちゅういん》に納骨することが多いようですが、火葬後すぐに納骨する地域も少なくありません。

納骨の際には納骨法要を営みます。

お墓を建てるまで、遺骨は自宅の仏壇の前に安置しておいてもよいし、お寺に預っていただくこともできます。

また最近では、お墓の代わりに、仏壇の下に遺骨を納めるロッカー形式になった納骨堂もあります。

本山などへの分骨は仏縁を増す

分骨するのはいけないと思われている人がいるようですが、それはちがいます。

茶毘《だび》にふされたお釈迦さまの遺骨を「仏舎利《ぶっしゃり》」といいますが、八つに分骨されました。お釈迦さまを慕う人々がそれぞれの国に持ち帰り、仏舎利塔を建ててまつったのです。そこからまた、さらに分骨されて数多くの仏舎利塔が建てられました。そして、そのまわりに礼拝《らいはい》施設や僧房ができて寺院となりました。

本願寺も宗祖親鸞聖人の御廟《ごびょう》（お墓）から発展したものです。浄土真宗では、同じ場所で故人の恩に感謝したいという思いから門徒は遺骨を本山に納骨するならわしがあります。

また、「先妻と同じお墓には入りたくない」「姓がちがったらいけない」などと気にされる方がありますが、みな阿弥陀仏の極楽浄土に往生するのです。

遺骨となった故人は世俗のわだかまりから解放され、仏さまとなって私たちに真実を教え導いてくださっているのです。ですから、納骨や分骨による仏縁を喜ぶべきでしょう。

塔婆供養は行なわない

仏舎利塔は、古代インドのサンスクリット語で「ストゥーパ」といいます。これを漢語に音写したのが「卒塔婆《そとうば》」です。

他宗では納骨法要や法事の際に、追善供養の意味で、塔の形を平面化して細長い板の形にした板塔婆に故人の戒名《かいみょう》などを書いて、墓石の後ろに立てます。これを「塔婆供養」といいますが、浄土真宗では行ないません。

お墓参りに行ったら本堂にもお参りする

多くの方が毎年のお盆やお彼岸、そして法事の際などにお墓参りをします。

お墓参りというのは、故人や先祖を縁として阿弥陀仏にお参りすることですから、寺院墓地にお墓があるならば、まず本堂にお参りすることを忘れてはいけません。

また、お盆やお彼岸の時期には法座が開かれていることが多いので、ぜひ参列して、他の檀家の方とともに読経し、法話に耳を傾けるとよいでしょう。

はじめに掃除をし、供物は持ち帰る

お墓参りに行くときは、線香やろうそく、生花、供物など、それから念珠《ねんじゅ》もかならず持参します。

毎月のようにお参りをしているなら、当日、雑草を抜いて、墓石を洗うくらいでよいのですが、そうでない場合は事前に掃除をしておきます。掃除用具は持参するか、管理事務所で借りられるところもあります。

お墓の周囲をきれいにしたら生花を立て、二つ折りにした半紙を敷いて供物をそなえます。そして一人ひとり、線香をそなえ、念珠を持って合掌します。

お参りが済んだら火の始末をして、生花以外の供物はすべて持ち帰ります。供物をそのままにすると腐ったり、カラスなどが食い荒らして周辺を汚すことになるからです。また、故人がお酒が好きだったからといって墓石の上からお酒をかけるのも、不潔になるのでやめたほうがよいでしょう。

お墓参りの習慣をつける

最近では、お彼岸が連休になっていることもあり、家族そろって郊外の霊園にお墓参りに行くついでにレジャーを楽しむということも多いようです。

せっかくの機会ですので、子供や孫たちに作法を教え、お墓参りの習慣を伝えていってもらいたいものです。

故人の命日にはもちろん、思い立ったときに先祖のお墓の前で、静かに自分の心と対話するのはとてもよいことです。

第8章

心が豊かになる浄土真宗の名言

たとひ法然《ほうねん》上人に
すかされまゐらせて、
念仏して地獄におちたりとも、
さらに後悔すべからず候《そうろ》ふ

『歎異抄《たんにしょう》』

●信念を持って生きる

「たとえ法然上人にだまされて、念仏をとなえることで地獄に堕《お》ちたとしても、後悔はありません」――これは「本当に念仏だけで浄土に往生できるのですか」という門弟の質問に親鸞聖人が答えた言葉です。師である法然上人への信頼をあらわしているだけでなく、阿弥陀仏に自分をまかせきっている師の生き方に対してのあこがれが込められています。

つまり、往生できる、できないは、自分ではどうしようもできないこと。だから、往生したいと思う気持ちをみずから捨てて、阿弥陀仏に自分のすべてをまかせきるしかないといっているのです。

某《それがし》 親鸞 閉眼《へいがん》せば、
賀茂河《かもがわ》にいれて
魚《うお》にあたふべし

『改邪鈔《がいじゃしょう》』

●人は死後即座に浄土に生まれる

「私が死んだら、その亡骸《なきがら》は賀茂川に流して魚たちのエサにしなさい」

これは、本願寺三代覚如《かくにょ》の著書『改邪鈔』にある親鸞聖人の遺誡《ゆいかい》です。実際には聖人の亡骸は火葬されて丁重に葬られましたが、聖人は死に臨んで、浄土真宗の教えの根本である「命が終われば即座に浄土に往生する」ことを説いたのでしょう。

ですから、浄土真宗で行なうお葬式は亡き人とのお別れの会ではありません。阿弥陀仏の救いによって、ふたたび浄土で会えることを確かめる会です。もちろんお墓も、亡き人の霊が眠る場所ではありません。

親鸞は父母《ぶも》の孝養《きょうよう》のためとて、
一返《いっぺん》にても
念仏申したること、
いまだ候《そうら》はず

『歎異抄《たんにしょう》』

●亡き人は浄土から見守っている

孝養とは、死者の冥福《めいふく》を祈って追善供養を行なうことを意味しており、親鸞聖人は「亡き父母の冥福を祈って念仏をとなえたことは、これまで一度もない」というのです。

親鸞聖人は、追善供養ができると考えるのは人間の思い上がりであるとキッパリと否定しています。なぜなら、念仏をとなえさせてくれているのも阿弥陀仏なのです。

亡き人がいる極楽浄土は何一つ不自由ない素晴らしい世界なのです。そこから、私たちを見守ってくれています。ですから浄土真宗には、善根《ぜんごん》を積んでその功徳《くどく》を死者の霊に振り向けるという考えはないのです。

われとして
浄土へまゐるべしとも、
また地獄へゆくべしとも、
定《さだ》むべからず

『執持鈔《しゅうじしょう》』

●阿弥陀仏への疑いのない信心

「自分は浄土に往生できるだろう、とか、地獄へ堕ちて苦しむことになるだろう、などということは、自分で決められるようなものではない」と本願寺三代覚如《かくにょ》は『執持鈔』のなかでいっています。

たとえば「何回念仏をとなえれば浄土に往生できるのか」と考えるところに自力のはからいがあります。往生は、阿弥陀仏におまかせする以外に道はないのです。

「どんなことがあっても阿弥陀仏がかならず浄土に往生させてくれる」と、疑いのない心を持ったそのときに、感謝の心が湧き上がり、往生は決定するのです。

聖人一流の
御勧化《ごかんけ》のおもむきは、
信心《しんじん》をもつて
本《ほん》とせられ候《そうろ》ふ

『御文章《ごぶんしょう》』（御文《おふみ》）

●信心と報恩感謝を手紙にしたためて

「親鸞聖人が念仏をおすすめになるのは、信心を根本とされているからです」

このあとに「なぜなら、念仏以外の自力の修行をやめて、阿弥陀仏を信じる身となれば、阿弥陀仏の本願力《ほんがんりき》によって往生させていただけるからです。阿弥陀仏のおかげで往生が決定した仲間に入ることができたとわかったうえでの念仏は、まさしく報恩感謝の念仏なのです」とつづきます。

蓮如上人は衰退した本願寺を再興させるために、親鸞聖人の教えに立ちもどり、阿弥陀仏への「信心」と「報恩感謝」を一貫して主張しました。

朝《あした》には紅顔《こうがん》ありて、
夕《ゆうべ》には白骨《はっこつ》となれる身なり

『御文章《ごぶんしょう》』（御文《おふみ》）

●〃いま〃をよりよく生きる

「朝は元気な顔をしていても、夕には白骨となってしまう身なのです」

蓮如《れんにょ》上人は、命のはかなさをこのように述べています。これは、仏教の根本思想のひとつである「諸行無常《しょぎょうむじょう》」（あらゆる物事は変化しつづけていて、一時《いっとき》も同じことはない）について語っています。

人間は常に死に近づきながら生きています。それは老人だけでなく、いま生まれたばかりの赤ちゃんも同じことです。ですから、〃いま〃をもっとも大切なときとして、阿弥陀仏におまかせして生きれば、死に対してうろたえることはないのです。

この世のわろきもすて、
あさましきことをも
せざらんこそ、
世をいとひ
念仏申すことにては候《そうら》へ

『親鸞《しんらん》聖人《しょうにん》御《ご》消息《しょうそく》』

●悪人正機の本当の意味を知る

「煩悩《ぼんのう》にまみれたこの世で、いかなる悪事も行なわず、いかなる浅ましい行ないもしないことこそが、この世を生きる意味であり、それが念仏をとなえることなのです」

「念仏者なのだから、思いのままに悪事をなしてもかまわない」と勝手気ままに悪事を重ねる異端者に対して、親鸞聖人は、このように批判しました。

当時、「悪人こそ救いの目当てである」という教えを逆手にとって悪事を重ねるまちがった念仏者が世を乱し、それが念仏弾圧の一因になりました。聖人はそれを強く批判し、さとしたのです。

かなしきかなや道俗《どうぞく》の
良時吉日《りょうじきちにち》えらばしめ
天神地祇《てんじんじぎ》をあがめつつ
卜占祭祀《ぼくせんさいし》つとめとす

『正像末和讃《しょうぞうまつわさん》』

●除災招福のために祈らない

「悲しいことに、僧侶も俗人も日時の善し悪しを選んだり、天地の神々を崇《あが》めて、先祖をまつったり、占いや祈祷《きとう》を頼りにしている」

私たちは困難や苦しみに遭うと、つい神仏に手を合わせてすがりたくなります。たしかに、現世利益《げんぜりやく》のために祈祷や祭事を行なう仏教宗派もあります。

しかし、浄土真宗で「南無阿弥陀仏」と手を合わせるのは、除災招福《じょさいしょうふく》のための〝祈り〟ではなく、阿弥陀仏への報恩感謝です。

かならず人々を救うと誓った阿弥陀仏の本願を信じきることで、祈りに頼らずに前向きに生きるということです。

煩悩《ぼんのう》を断ぜずして
涅槃《ねはん》を得《う》るなり

『正信偈《しょうしんげ》』

●迷いがあるからこそ、悟りが開ける

この言葉の前後は次のようになります。

「阿弥陀仏の本願を信じ喜ぶ心が起きれば、煩悩を断つことなく、涅槃（悟りの世界）に至ることができます。阿弥陀仏の本願力にすくいとられたならば、川の水が海に流れ込み同じ塩味の海水となるように、悟りの世界に至れるわけです」――煩悩に悩み苦しむ体験は人間を大きくします。迷いがあるからこそ、悟りが開けるのです。

もちろん、煩悩のおもむくままに勝手気ままな生き方をしてはいけません。煩悩を断ち切れずに思い悩み、そのことでまた苦しむのは本末転倒だといっているのです。

人のわろきことは
よくよくみゆるなり。
わが身のわろきことは
おぼえざるものなり

『蓮如上人《れんにょしょうにん》御《ご》一代《いちだい》記《き》聞書《ききがき》』

●他人の欠点が見えたら自己を省みる

「他人の欠点は見る気がなくてもすぐに気がつくものだが、自分の欠点はなかなか気がつかないものだ」

この言葉を聞いて、まったくそのとおり、と膝《ひざ》を打つ方が多いのではないでしょうか。

目は外を向いているので他人のことがよく見えますが、自分自身を見るのは画像として映らない心の目です。心の目は多くの人が暗いものです。

ここで注意したいのは、人の欠点に気づいたときには、自分も同じまちがいを犯していないか自己反省をしなければならないということです。気をつけたいものです。

心得たと思ふは心得ぬなり、
心得ぬと思ふは心得たるなり

『蓮如上人《れんにょしょうにん》御《ご》一代《いちだい》記《き》聞書《ききがき》』

●「わかった」から疑問が見つかる

「わかったと思う人ほどわかっていないものです。どうもよくわからないなぁ、と思っている人のほうが、じつはよくわかっているものです」

蓮如上人は、〝本願他力〟についていっています。「私は、本当に阿弥陀仏の本願力におまかせできているのだろうか」――常に自分自身に問いかけてみることが大切です。

これは日常生活にもいえます。たとえば、「なんだ、こんなことだったのか」と理解できたと思ったときこそ、「いや、ちょっと待てよ」と疑問を持って、いま一度考えてみることです。

ひとつことを聞きて、
いつもめづらしく
初めたるやうに、
信のうへにはあるべきなり

『蓮如上人《れんにょしょうにん》御《ご》一代《いちだい》記《き》聞書《ききがき》』

●ていねいに耳を傾ける心を大切に

「仏法を聞くときには、以前に聞いた同じことであっても、常に珍しく、はじめて聞くことであると思いなさい。これが信仰においてはとても大切なことです」

浄土真宗では、阿弥陀仏の本願を信じるという一つの教えを説いています。しかし、仏法は奥深いもので、同じことを繰り返し聞いても常に新しい発見があるということです。

また、この言葉には人間関係の大切さも含まれているように思います。会話のなかで、相手の話がわかっていることであっても、ていねいに耳を傾ける。これが人間関係を円滑にする秘訣《ひけつ》でもあります。

年もはや
穴《あな》かしこ也《なり》
如来様

小林一茶

●阿弥陀仏にまかせきる心

江戸時代の俳人小林一茶《こばやしいっさ》は、浄土真宗の篤《とく》信者《しんしゃ》として知られています。

これは晩年に詠《よ》んだ句です。

「穴かしこ」とは、蓮如上人の手紙がいつも「あなかしこ、あなかしこ」で結ばれていることをユーモアたっぷりに表現したものです。「手紙の終わり」を示す「あなかしこ」を、一茶は「人生の終わり」とかけたのです。

つまり、「もう人生の終わりに近づきました。阿弥陀さま、おまかせしましたよ」と、阿弥陀仏を信じ、すでにやすらぎの世界にいる気持ちを詠んでいます。阿弥陀仏は、現在の幸せを与えてくれているのです。

参考文献
（順不同）

『浄土真宗聖典』本願寺出版社
『浄土真宗必携』本願寺出版社
『浄土真宗本願寺派日常勤行聖典』本願寺出版社
『仏事のイロハ』末本弘然著　本願寺出版社
『真宗大谷派勤行集』真宗大谷派宗務所出版部
『お内仏のお給仕と心得』真宗大谷派宗務所出版部
『真宗門徒の仏事作法①　お内仏のお給仕』真宗仏事研究会　法藏館
『門徒もの知り帳㊤㊦』野々村智剣著　法藏館
『暮らしの中の門徒手帳』野々村智剣著　探求社
『浄土真宗と親しくつき合う本』野々村智剣著　探求社
『願いを生きる――浄土真宗の法事』樹心編　探求社
『仏事の基礎知識』藤井正雄著　講談社
『葬儀・戒名――ここが知りたい』大法輪閣
『わが家の宗教　浄土真宗』花山勝友著　大法輪閣
『わが家の仏教　浄土真宗』池田勇諦・中西智海監修　四季社
『知っておきたい　浄土真宗』山崎龍明監修　日本文芸社
『親鸞と浄土真宗　知れば知るほど』山崎龍明監修　実業之日本社
『うちのお寺は浄土真宗』藤井正雄総監修　双葉社
『仏教名言辞典』奈良康明編著　東京書籍

◆監修者プロフィール

伊藤智誠（いとう・ちじょう）
1953（昭和28）年、大阪府出身。
龍谷大学文学部卒。同大学大学院修士課程修了。
浄土真宗本願寺派布教使、称名寺関西分院長。

日本人として心が豊かになる
仏事とおつとめ　浄土真宗

発行日　2007年11月15日　初版第1刷
　　　　2022年 6 月17日　　　第6刷

監　修　伊藤智誠
編　著　株式会社 青志社
装　幀　桜井勝志（有限会社アミークス）
発行人　阿蘇品 蔵
発行所　株式会社 青志社
　　　　〒107-0052　東京都港区赤坂5-5-9　赤坂スバルビル6F
　　　　Tel（編集・営業）　03-5574-8511
　　　　Fax　03-5574-8512
印刷・製本　中央精版印刷株式会社

ISBN978-4-903853-14-7　C2015